ULRICH KONRAD

ANSPIELEN, ERINNERN, VERSTEHEN.
DIMENSIONEN MUSIKALISCHEN ZITIERENS IN RICHARD STRAUSS' *INTERMEZZO* (1924) UND ALBAN BERGS *WOZZECK* (1925)

SITZUNGSBERICHTE DER WISSENSCHAFTLICHEN GESELLSCHAFT
AN DER JOHANN WOLFGANG GOETHE-UNIVERSITÄT FRANKFURT AM MAIN

BAND XLV, Nr. 3

FRANZ STEINER VERLAG STUTTGART
2007

ANSPIELEN, ERINNERN, VERSTEHEN. DIMENSIONEN MUSIKALISCHEN ZITIERENS IN RICHARD STRAUSS' *INTERMEZZO* (1924) UND ALBAN BERGS *WOZZECK* (1925)

VON

ULRICH KONRAD

FRANZ STEINER VERLAG STUTTGART
2007

Vorgetragen am 2. Juni 2007
in einer Sitzung der Wissenschaftlichen Gesellschaft
an der Johann Wolfgang Goethe-Universität Frankfurt am Main

Bibliografische Information der Deutschen Nationalbibliothek
Die Deutsche Nationalbibliothek verzeichnet diese Publikation in der Deutschen Nationalbibliografie; detaillierte bibliografische Daten sind im Internet über <http://dnb.d-nb.de> abrufbar.

ISBN: 978-3-515-09140-4

I.

„Wir sind späte Musiker. Eine ungeheure Vergangenheit ist in uns vererbt. Unser Gedächtniß citirt beständig. Wir dürfen unter uns auf eine fast gelehrte Weise anspielen: wir verstehen uns schon. Auch unsere Zuhörer lieben es, daß wir anspielen: es schmeichelt ihnen, sie fühlen sich dabei gelehrt.“[1] Kaum gibt es für das Nachdenken über Zitatverfahren in der Musik des frühen 20. Jahrhunderts einen hilfreicheren Anstoß als dieses nachgelassene Fragment Friedrich Nietzsches, niedergeschrieben im Frühjahr 1888, also zu Beginn der letzten Schaffensphase dieses einsichtsvollsten Musikers unter den Philosophen des 19. Jahrhunderts. In der spielerisch leichten Satzfolge des Aperçus mit dem feinen Ausdruck ironischer Überlegenheit kommt all das pointiert zur Sprache, zu dessen gründlicher Entfaltung es einer breiten Darstellung bedürfte. Im folgenden sollen jedoch von Nietzsches Fragment ausgehend nur wenige fragmentarische Bemerkungen entwickelt werden, Bemerkungen, die bloß an zwei Beispielen aus der Opernproduktion der 1920er Jahre zu bedenken geben wollen, auf welche Weise sich ‚späte Musiker‘ im Widerstreit zwischen dem von der ‚ungeheuren Vergangenheit‘ der europäischen Tonkunst auferlegten Gedächtniszwang und dem drohenden Traditionsverlust der radikal vorangetriebenen Moderne Wege der Verständigung bahnten. Genauer gesagt, einen Weg bahnten, denn das hier in Rede stehende Zitieren von Musik in Musik kennzeichnet zwar eine besonders auffällige, aber keineswegs die einzige Möglichkeit der Vermittlung zwischen den Zeiten.

Es geht auch bei diesem musikhistorischen Thema, wie letztlich immer, um die elementare Frage nach dem Verstehen von Musik (und zugleich darum, wie dieses Verstehen eigentlich zu begreifen ist). Die Frage ist seit eh und je ungelöst und vermutlich kaum endgültig lösbar. Nichts wäre törichter, als diesen fundamentalen Tatbestand mit kursorischen Ausführungen zu marginalisieren. Musik tritt primär als strukturiertes Klanggeschehen an den Hörer heran, als ‚Reinmusikalisches‘, aber ihr können im Laufe der Zeit alle möglichen außermusikalische Gehalte angehängt werden, mit denen sie zu einem Sinngefüge vereint wird. Für unseren Zusammenhang

---

Meine Überlegungen zur Zitatpraxis im frühen 20. Jahrhundert, hier speziell bei Richard Strauss und Alban Berg, reichen in die 1990er Jahre zurück, wo ich sie gelegentlich in internen Colloquien zur Diskussion gestellt habe. Aus ihnen ist die Studie *Ochs, Donna Anna und Max im Wirtshausgarten. Zum dramatischen Kontext der „Zitate“ in Bergs Wozzeck (II, 4)* hervorgegangen, erstmals gedruckt in: *Musik als Text. Bericht über den Internationalen Kongreß der Gesellschaft für Musikforschung Freiburg im Breisgau 1993*. Freie Referate, Kassel usw. 1999, S. 480–486. Parallel dazu entstand als Komplementärversuch der bislang unveröffentlichte Beitrag zu den Zitaten in Straussens *Intermezzo;* er diente als meine Antrittsvorlesung an der Universität Würzburg im Jahre 1997. Die beiden konzeptionell zusammengehörigen Arbeiten werden hier nun als Einheit publiziert, nachdem ich sie bei der Sitzung der Wissenschaftlichen Gesellschaft am 2. Juni 2007 auszugsweise vorgetragen habe.

[1] „Unter Musikern“, in: Friedrich Nietzsche, *Werke*. Kritische Gesamtausgabe hrsg. von Giorgio Colli und Mazzino Montinari. Achte Abteilung, Dritter Band: *Nachgelassene Fragmente. Anfang 1888 bis Anfang Januar 1889,* Berlin und New York 1972, S. 36 (14 [55]).

können wir uns an diesem Punkt auf die lapidare Feststellung beschränken, daß in der Geschichte der Musik – die partiell etwas anderes darstellt als die landläufige Musikgeschichte – das Aufeinander-Bezogensein konkreter Werke oder Werkausschnitte, also das in jüngerer Zeit als Intertextualität bezeichnete Rezeptionsphänomen, auch in *dem* Sinne zu beobachten ist, daß dem chronologisch Späteren durch Aufnahme des durch die Geschichte bereits bedeutungsvoll gewordenen Früheren eine inhaltliche Facette zugefügt wird, die es aus sich selbst heraus nicht umstandslos zu erzeugen imstande wäre.[2] Das gilt besonders für die begriffslose Instrumentalmusik, wenn durch sie außermusikalische Sinngehalte vermittelt werden sollen. So vermochte es beispielsweise Robert Schumann in seinem 1839 komponierten *Faschingsschwank aus Wien* op. 26 für Klavier durch das Zitat von ein paar Takten aus der Melodie der *Marseillaise* den oppositionellen Geist des Vormärz aufblitzen zu lassen:[3] Die Hymne als Symbol der französischen Revolution war während der Ära Metternich in Deutschland und Österreich verboten.[4]

Notenbeispiel 1:

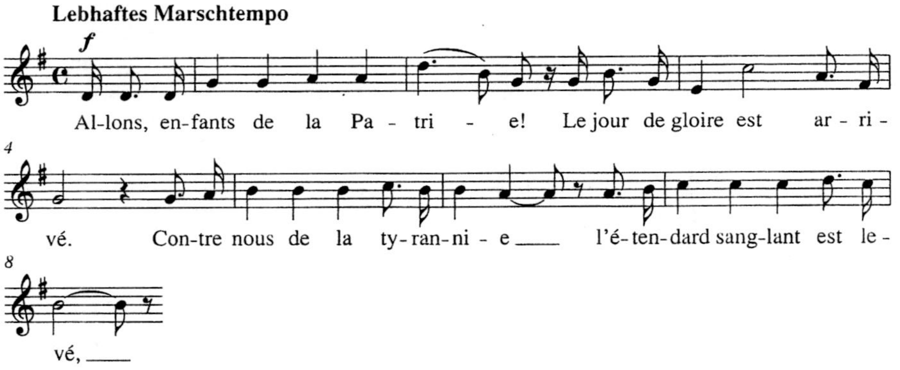

a) *Marseillaise,* T. 1–8

[2] Zum musikalischen Zitat allgemein siehe Gernot Gruber, „Das musikalische Zitat als historisches und systematisches Problem", in: *Musicologica Austriaca* 1 (197), S. 121–135, und ders., Artikel „Zitat", in: *Die Musik in Geschichte und Gegenwart. Allgemeine Enyklopädie der Musik,* begründet von Friedrich Blume. Zweite, neubearbeitete Ausgabe hrsg. von Ludwig Finscher, Sachteil 9, Kassel usw. 1998, Sp. 2401–2412, dort auch weitere einschlägige Literaturhinweise. Eine umfassende Bibliographie zum Thema bietet: *musical borrowing. An Annotated Bibliography,* hrsg. von J. Peter Burkholder, Andreas Giger und David C. Birchler, zugänglich unter http://www.chmtl.indiana.edu/borrowing/index.html (zuletzt besucht am 12. Juli 2007).

[3] Robert Schumann, *Klavierwerke,* Bd. III, hrsg. von Wolfgang Boetticher, München 1976, S. 200–231; das Zitat der *Marseillaise* in No. 1: Allegro, S. 207.

[4] Vgl. dazu Brunhilde Sonntag, „Die Marseillaise als Zitat in der Musik. Ein Beitrag zum Thema ‚Musik und Politik'", in: *„Nach Frankreich zogen zwei Grenadier". Zeitgeschehen im Spiegel von Musik,* hrsg. von Brunhilde Sonntag, Münster und Hamburg 1991 (= Musik, Kunst & Konsum, 2), S. 22–37, besonders S. 31. – Einen knappen Überblick über die Geschichte der *Marseillaise* bietet: Harry D. Schurdel, *Nationalhymnen der Welt. Entstehung und Gehalt,* Mainz 2006, S. 72–82.

b) Robert Schumann, *Faschingsschwank aus Wien* op. 26 für Klavier, 1. Satz „Allegro“, T. 286–304

In seiner 1927 uraufgeführten *Lyrischen Suite* für Streichquartett konnte Alban Berg[5] ein heimliches Liebesbekenntnis zu einer Frau in Töne fassen, indem er Melodieabschnitte aus Alexander von Zemlinskys vokal-instrumentaler *Lyrischer Symphonie in sieben Gesängen nach Gedichten von Rabindranath Tagore* für Orchester, eine Sopran- und Baritonstimme op. 18 (1923) übernahm, die dort mit den gesungenen Worten „Du bist mein Eigen, mein Eigen“, „Du, die in meinen endlosen Träumen wohnt“ und „Laß Liebe in Erinn’rung schmelzen und Schmerz in Lieder“ verbunden waren, Textzeilen, die in Bergs *Suite* selbstverständlich ungehört bleiben.[6]

---

[5] Alban Berg, *Lyrische Suite für Streichquartett* (1926), Neuausgabe 2005 von George Perle (einschließlich der „geheimen Gesangsstimme“), Wien und London 2005. – Zum Programm des Werkes siehe auch George Perle, „The Secret Programme of the Lyric Suite“, in: *The Musical Times* 118 (1977), S. 629–632, 709–713, 809–813 (deutsch: „Das geheime Programm der Lyrischen Suite“, in: *Musik-Konzepte* 4 [1978]); Constantin Floros, *Alban Berg und Hanna Fuchs. Die Geschichte einer Liebe in Briefen,* Zürich und Hamburg 2001, besonders S. 114–138.

[6] Alexander von Zemlinsky, *Lyrische Symphonie in sieben Gesängen nach Gedichten von Rabindranath Tagore* op. 18, Studienpartitur, Wien 1954. Nachweis der beiden hier nicht in Notenbeispielen dokumentierten Zitate: 1.) „Du, die in meinen endlosen Träumen wohnt“ = Zemlinsky, *Lyrische Symphonie* III. Gesang, Ziffer 43, 58, Berg, *Lyrische Suite,* III. [b] „Trio estatico“, T. 85/86;

Notenbeispiel 2:

a) Alexander von Zemlinsky, *Lyrische Symphonie* op. 18, III. Gesang, Ziffer 42

Während in diesen beiden genannten Fällen das Zitieren nur der ihnen zugrundeliegenden Wörter und Sätze keine grundsätzlichen Verständnisprobleme aufwerfen würde – zumindest der elementare Sinngehalt des „Allons, enfants, de la patrie" aus der *Marseillaise* und der Zeilen aus Zemlinskys Symphonie erschließen sich dem Rezipienten unmittelbar –, liegt der vergleichbare Sachverhalt im gegenüber der Sprache ungleich abstrakteren Medium der Musik anders. Das beginnt bereits bei der äußerlichen Kennzeichnung: Schumann und Berg verfügen nicht über eindeutig definierte akustische Anführungszeichen. Wenn der Hörer dennoch das Fremdgut bewußt wahrnimmt und dessen Herkunft spontan identifiziert – bei der populären Melodie der *Marseillaise* ist das entschieden einfacher als bei den höchstens Kennern bekannten Motiven aus Zemlinskys *Lyrischer Symphonie* –, dann bleibt ihm die Bedeutung des Zitats vielleicht dennoch unverständlich: Musik ‚sagt' nichts, sie verfügt nicht über zeichenhafte oder definierte Bedeutungen, der musikalische ‚Inhalt' koinzidiert mit seinem hörbaren Substrat. Daß sich musikalisches Zitieren hier wie auch sonst als historisch sehr wirksames kommunikatives Verfahren entfalten konnte, liegt eben, wie bereits erläutert, an spezifischen außermusikalischen Konnotationen, die zu bestimmten Zeiten mit dem Tonmaterial verbunden worden sind

2.) „Laß Liebe in Erinn'rung schmelzen und Schmerz in Lieder" = Alexander von Zemlinsky, *Lyrische Symphonie* VII. Gesang, Ziffer 110, Berg, *Lyrische Suite,* III. [b] „Trio estatico", T. 70–73, IV. „Adagio appassionato", T. 12/13.

Takt 32: N⌐„ bis“ ⌝ = Zitat aus Zemlinskys *Lyrischer Symphonie*

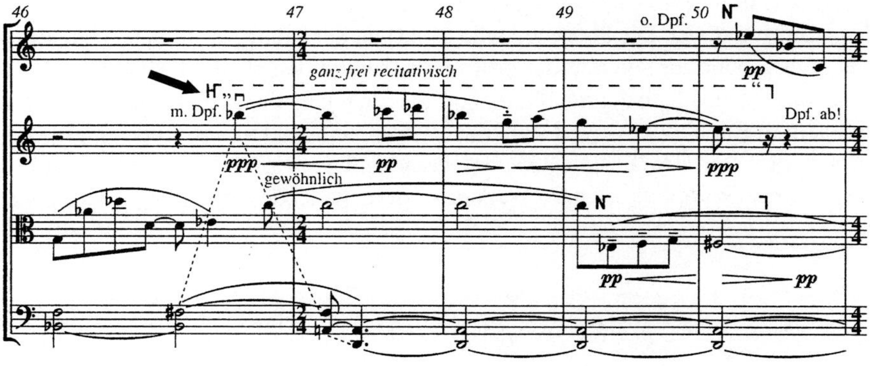

Takt 46: H⌐„ bis“ ⌝ wie Takt 32

b) Alban Berg, *Lyrische Suite*, IV. „Adagio appassionato“, T. 32/33, 46–50

und traditionell vermittelt werden. Am einfachsten gelingt das beim Zusammenspiel von Wort und Musik: Das musikalische Zitat erschließt seine Bedeutung zunächst über den zwar nicht erklingenden, aber mitgedachten Text, bei Schumann über den der *Marseillaise,* bei Berg/Zemlinsky über den der Gedichte von Rabindranath Tagore. Fehlen diese Anhalte aber – überhaupt oder nur einem Hörer –, verändern sie sich oder gehen sie verloren, dann werden Zitate zwar insofern nicht musikalisch sinnlos, als sie im Tonsatz ihre strukturelle Funktion behalten, doch sind sie für ein ästhetisches Verstehen bedeutungslos. Sie werden vielleicht sogar überhaupt nicht mehr als Zitat wahrgenommen, verlieren sich unerkannt im Strom der Töne.

Verständlich sind die dem musikalischen Material zuwachsenden Bedeutungen, ja semantischen Gehalte freilich nur den auf sie festgelegten oder in sie eingewiesenen Hörern. Diese bilden in ihrer Gesamtheit, wie ich sie nenne, Verstehensgemeinschaften. Auf deren gemeinsamen Kenntnissen beruhen Konstanten und Wandlungen der Tradition gleichermaßen. So garantiert die seit über zweihundert Jahren als das Revolutionslied schlechthin präsente *Marseillaise* in Schumanns *Faschingsschwank* sogar beim breiten Publikum auch heute noch eine unmittelbare Assoziation mit den Ereignissen im Juli 1789 sowie, bei Hörern mit historischer Allgemeinbildung, das Verständnis der vom Komponisten intendierten, an die 1830/40er Jahre gebundenen politischen Anspielung, während diese Unmittelbarkeit in Bergs *Suite* angesichts der mangelnden Vertrautheit durchschnittlicher Musikhörer mit Werken der 1920er Jahre fehlt. Die Mechanismen des Verstehens sind aber in beiden Fällen gleich, sofern man Verstehen hier ganz rudimentär als Erkennen des zitierten Materials, Vergegenwärtigen seiner Bedeutung im Ursprungszusammenhang und assoziatives Zusammenführen von vergangenem und aktuellem Kontext bestimmt. Diese gewiß vage Definition mag vorerst genügen. Etwas schärfere Konturen wird sie, ohne daß in theoretischen Exkursen weiter auf sie eingegangen werden soll, bei der Betrachtung der weiteren Beispiele gewinnen. Lediglich ein Gedanke sei noch angefügt: Es gehört zu den Eigentümlichkeiten des musikalischen Zitats, daß zwar eine aus Tönen bestehende Gestalt in einen neuen Zusammenhang übernommen wird, die mit ihr verbundene Assoziation oder Bedeutung aber in der Regel eine außermusikalisch motivierte ist. Die überwiegende Mehrheit der Zitate stammt aus textgebundener Musik oder aus solcher, der bestimmte Inhalte beigelegt wurden. Der Klang *f-h-dis'-gis'* etwa dürfte der am häufigsten zitierte Klang der Musikgeschichte überhaupt sein, freilich nicht wegen seiner schillernden musiktheoretischen Implikationen, sondern weil er „Tristan-Akkord" heißt und *pars pro toto* für die – in den Worten seines Schöpfers Richard Wagner – „tiefe Kunst des tönenden Schweigens" steht.[7]

II.

Richard Strauss und Alban Berg, zwei Komponisten, die auf den ersten Blick als Vertreter zweier künstlerischer Welten erscheinen, hatten in ihrer musikalischen Sprache vieles gemeinsam, mehr, als sie sich je eingestanden haben. Als Opernkomponisten nehmen sie herausragende Plätze in der Musikgeschichte des 20. Jahrhunderts ein. In den Jahren nach dem Ersten Weltkrieg arbeitete Richard Strauss –

---

[7] *Richard Wagner an Mathilde Wesendonk. Tagebuchblätter und Briefe 1853–1871,* Berlin ²1904, S. 68 (aus dem Eintrag vom 12. Oktober 1858).

hinter sich mit *Salome, Elektra* und dem *Rosenkavalier* einerseits die Erfahrungen dreier Welterfolge, andererseits mit *Ariadne auf Naxos, Josephs-Legende* und *Frau ohne Schatten* die Probleme der immer auch schwierigen Zusammenarbeit mit Hugo von Hofmannsthal – in dieser Zeit also arbeitete er an einer, so die eigene Einschätzung, „ganz moderne[n], absolut realistische[n] Charakter- und Hauskomödie“[8], die „dem musikalisch-dramatischen Schaffen einen neuen Weg“[9] weisen sollte. Das autobiographische Stück, unter dem Titel *Intermezzo* op. 72 am 4. November 1924 in Dresden uraufgeführt, wurde zu einem großen Erfolg[10] und hat als erste jener sogenannten Zeitopern zu gelten, mit denen dann junge Komponisten wie Paul Hindemith, Kurt Weill und Ernst Krenek in den folgenden Jahren Furore machten. Arnold Schönberg, der sich längst von seinem einstigen Förderer abgewandt hatte, zeigte sich durchaus beeindruckt von dieser „bürgerlichen Komödie“; sie dürfte mit den Anstoß für einen eigenen Versuch in diesem Genre gegeben haben, für die einaktige Oper *Von heute auf morgen,* komponiert 1928/29.[11] Daß Straussens *Intermezzo,* wie übrigens allen anderen Zeitopern auch, kein Dauerplatz im Repertoire eingeräumt wurde, ließe sich unter anderem mit der spezifischen Art ihrer eher äußerlichen Modernität erklären. Die häufig anzutreffende Banalität und

---

[8] Brief an Hofmannsthal, 25. Juni 1916, in: *Richard Strauss. Hugo von Hoffmannsthal. Briefwechsel.* Gesamtausgabe hrsg. von Franz und Alice Strauss. Bearbeitet von Willi Schuh, Zürich 1952, S. 333. In der vierten, ergänzten Auflage von 1970 lautet die Bezeichnung „Charakter- und Nervenkomödie“, ebenda, S. 342.

[9] So Richard Strauss in seinem Vorwort zur Oper *Intermezzo.* Zitiert nach der Notenausgabe: Richard Strauss, *Intermezzo. Eine bürgerliche Komödie mit sinfonischen Zwischenspielen in zwei Aufzügen* Op. 72. Studien-Partitur, Wien 1996 (= Richard Strauss Edition. Sämtliche Bühnenwerke, 11), S. [XIII].

[10] Die positive zeitgenössische Aufnahme von *Intermezzo* dokumentiert Franzpeter Messmer (Hrsg.), *Kritiken zu den Uraufführungen der Bühnenwerke von Richard Strauss,* Pfaffenhofen 1989 (= Veröffentlichungen der Richard-Strauss-Gesellschaft München, 11), S. 220–229.

[11] Zur Einordnung von *Intermezzo* in den Kontext der Zeitopern sowie zu Schönbergs Reaktionen siehe Winfried Kirsch, „Die ‚Opera domestica‘. Zur Dramaturgie des bürgerlichen Alltags im aktuellen Musiktheater der 20er Jahre“, in: *Hindemith-Jahrbuch* 1980/IX, S. 179–192; Oliver Neighbour, „Veraltete Sentimentalität: Arnold Schoenberg in defence of Richard Strauss“, in: Rudolf Elvers (Hrsg.), *Festschrift Albi Rosenthal,* Tutzing 1984, S. 253–257; Bryan Gilliam, „‚Intermezzo‘ und die Tradition der Zeitoper in den zwanziger Jahren“, in: *Kongreßbericht zum VI. Internationalen Gewandhaus-Symposium Richard Strauss – Leben · Werk · Interpretation · Rezeption anläßlich der Gewandhaus-Festtage in Leipzig vom 29. September bis 1. Oktober 1989,* Frankfurt und Leipzig 1991 (= Dokumente zur Gewandhaus-Geschichte, 8), S. 129–134; ders., „Strauss's Intermezzo: Innovation and Tradition“, in: Bryan Gilliam (Hrsg.), *Richard Strauss. New Perspectives on the Composer and His Work,* Durham/London 1992, S. 259–283; Katharina Hottmann, „Bürgerliche Mentalität und Gattungskonzept in Richard Strauss' „Zeitoper“ Intermezzo“, in: Hanns-Werner Heister (Hrsg.), *Antimoderne, Faschismus, modernisierte Reaktion. Die Ambivalenz der Moderne,* Bd. I, Berlin 2005 (= Musik/Gesellschaft/Geschichte, 1), S. 89–99; Dies., *„Die andern komponieren. Ich mach' Musikgeschichte!“ Historismus und Gattungsbewusstsein bei Richard Strauss. Untersuchungen zum späteren Opernschaffen,* Tutzing 2005 (= Publikationen des Instituts für Österreichische Musikdokumentation, 30), S. 414–417. – Schönbergs Oper ist greifbar in der Ausgabe Arnold Schönberg, *Von heute auf morgen. Oper in einem Akt* op. 32, hrsg. von Gösta Neuwirth und Tadeusz Okuljar, Mainz und Wien 1974 (= Arnold Schönberg Sämtliche Werke, Abteilung III, Reihe B, Band 7, Teil 2).

der Alltagsrealismus der Handlungen mögen ein übriges zum allgemein nachlassenden Engagement der Bühnen für diese Werke beigetragen haben.

Im *Intermezzo* geht es um das turbulente Eheleben des Hofkapellmeisterehepaars Robert und Christine Storch (alias Richard und Pauline Strauss), in dem sich zwischen hektischem Kofferpacken, Telephongesprächen, Rodelpartien und Skatrunden ein Sturm im Wasserglas um ein mißgeleitetes Telegramm und einen angeblichen erotischen Fehltritt Storchs entwickelt. Im Schlußsatz des von Strauss selbst verfaßten Librettos: „Gelt, mein lieber Robert, das nennt man doch wahrhaftig eine glückliche Ehe?", musikalisch als schwelgerischer Liebeshymnus gestaltet, findet die Komödie ihr *happy end*.

Parallel zu Strauss arbeitete Alban Berg, ein damals nur in engen Musikerkreisen klangvoller Name, an seinem Opernerstling. Während Strauss sich das Libretto zu seiner *opera domestica* selbst schrieb, griff Berg auf das Dramenfragment Georg Büchners in der Bearbeitung durch Karl Emil Franzos zurück. Dreizehn Monate nach dem *Intermezzo* erlebte der *Wozzeck* op. 7 am 14. Dezember 1925 in Berlin seine Premiere.

Strauss und Berg sind, das wurde schon früh bemerkt, Virtuosen des Zitierens.[12] Die Forschung hat sich mit dieser Eigenart der Komponisten, die sie mit anderen Zeitgenossen teilen, zwar nie systematisch, aber immerhin in Einzelaspekten auseinandergesetzt. Häufig ist sie freilich über die bloße Feststellung der Zitatorte nicht hinausgekommen. So gibt es sowohl im *Intermezzo* als auch im *Wozzeck* etwa Zitate, deren hintergründige und vielschichtige Bedeutung einer Klärung nicht nur bedarf, sondern diese geradezu herausfordert. Daher wird zunächst in einer eher allgemein gehaltenen Hinführung der spielerische, ironisch-distanzierte Gebrauch von Zitaten im *Intermezzo* von Strauss zu erörtern sein, ehe einige bislang gänzlich oder weitgehend unverstandene Ausschnitte aus dieser Oper und dem *Wozzeck* genauer analysiert und interpretiert werden.

III.

Grundsätzlich ist festzustellen, daß Strauss mit seinem Zitierverfahren keine Substitution von potentiell Eigenem durch Fremdes anstrebt. Zitate in seinen Opern bieten in der Regel eine „Über-Information", mit der eine durch den Text oder aus dem dramatischen Zusammenhang heraus eindeutige Aussage mehrdeutig gemacht wird. Im *Intermezzo* verfremdet Strauss außerdem die meisten der Zitate dadurch,

---

[12] Zur Zitattechnik bei Strauss siehe Günther von Noé, „Das Zitat bei Richard Strauss", in: *Neue Zeitschrift für Musik* 125 (1964), S. 234–238; Erich Wolfgang Partsch, „Dimensionen des Erinnerns. Musikalische Zitattechnik bei Richard Strauss", in: *Musicologica Austriaca* 5 (1985), S. 101–120; Hermann Danuser, „Musikalische Selbstreflexion bei Richard Strauss", in: *Richard Strauss und die Moderne. Bericht über das Internationale Symposium München, 21. bis 23. Juli 1999,* hrsg. von Bernd Edelmann, Birgit Lodes und Reinhold Schlötterer, Berlin 2001 (= Veröffentlichungen der Richard-Strauss-Gesellschaft, 17), S. 51–77. – Die Zitattechnik Bergs behandelt Ulrich Krämer, „Quotation and Self-Borrowing in the Music of Alban Berg", in: *The Journal of the Musicological Research* 12/1–2 (1992), S. 53–82, sowie Perle, „Secret Programme" (wie Anm. 5).

daß er mit unterschiedlichen Stilhöhen spielt und durch parodistische Verknüpfung gegensätzlicher Kontexte das Erhabene zum Komischen, ja Lächerlichen herunterzieht.

Notenbeispiel 3:

Richard Strauss, *Intermezzo* op. 72, Zweiter Aufzug, 1 Takt vor Ziffer 9–13 (Klavierauszug)

Notenbeispiel 3 (Fortsetzung):

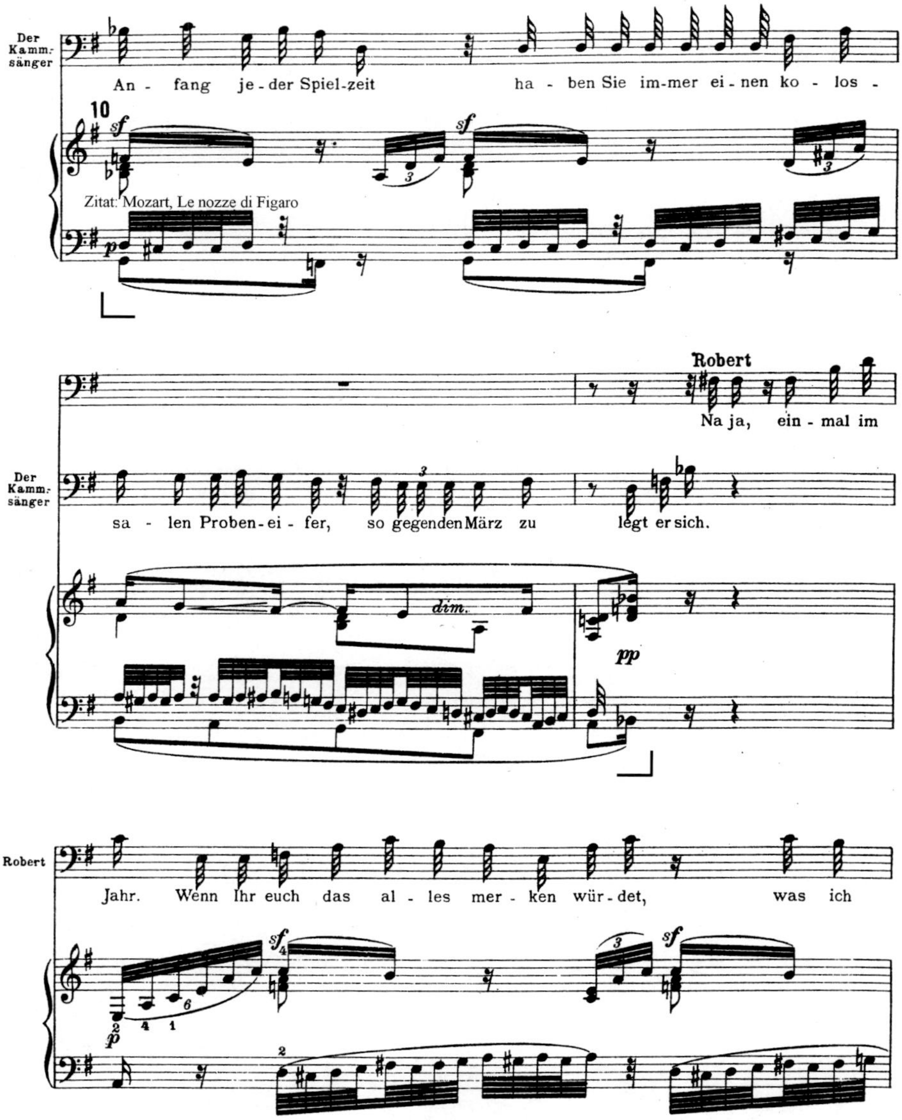

Notenbeispiel 3 (Fortsetzung):

Notenbeispiel 3 (Fortsetzung):

Notenbeispiel 3 (Fortsetzung):

Die Skatpartie zu Beginn des zweiten Aufzugs liefert für dieses Verfahren sprechende Belege. Mit dem für Strauss typischen Realismus wird das Bühnengeschehen im Orchester illustriert und kommentiert. Das ist beispielsweise kurz vor dem Augenblick zu hören, in dem Robert Storch zu der Runde aus Commerzienrat, Justizrat, Kammersänger und Kapellmeister Stroh tritt, die einen zünftigen Skat drischt.

Gleich zu Beginn des Abschnitts verrät das Orchester in Reaktion auf die spöttelnden Auslassungen des Kammersängers über die Arbeitswut des Hofkapellmeisters, welches Stück die Abkürzung der Probe verhindert hat: Es war Mozarts *Le nozze di Figaro*. Strauss zitiert zunächst auf das Wort „Anfang" lediglich das Kopfmotiv der Ouvertüre, ehe zur Bemerkung über den „kolossalen Probeneifer"das gesamte Hauptthema dieses Stücks erklingt. Daß das Einleitungsstück ausgerechnet zum *Figaro* zitiert wird, hat einen autobiographischen Hintergrund: Die Oper war erklärtermaßen eines von Straussens Lieblingswerken, und unter Musikern war bekannt, mit welchem Einsatz er gerade sie probte und dirigierte.[13]

Wenig später zitiert Strauss, wie übrigens mehrfach im *Intermezzo,* einen Operntext ohne die dazugehörige originale Musik. Mit den Worten „Hast Du schon zur Nacht gebetet, Desdemona!" kündigt der Kammersänger den sich abzeichnenden Spielverlust Strohs an. Damit erinnert er an den Beginn der dritten Szene des vierten Aktes aus Giuseppe Verdis *Otello,* an die Peripetie des Dramas. Das Mißverhältnis zwischen dem durch Otellos drohende Mordtat nahenden Untergang Desdemonas und der für Stroh verlorenen Skatrunde begründet die Komik dieses Zitats; durch die Vortragsanweisung „dröhnend" wird es gegenüber dem gefährlich beherrschten Tonfall der Stelle bei Verdi zusätzlich verzerrt (von der eigenwilligen Namensbetonung ganz abgesehen).[14]

Nach dem gleichen, nun allein auf Musik bezogenen Verfahren handhabt Strauss nur wenige Takte weiter den „Tristan-Akkord". Die Differenz der Stillagen erklärt sich von selbst: Roberts behagliche Sentenz „Ach, so ein Skätchen ist ein Genuß, die einzige Erholung nach Musik" – auch sie übrigens ein Bekenntnis des Komponisten Strauss, der lebenslang im Kartenspiel Ablenkung und Entspannung von schöpferischer Tätigkeit suchte[15] – kontrastiert die Wonnen des Kartenspiels mit den hehren Bemühungen um die Tonkunst, für welche stellvertretend der bedeutungsschwere Klang aus der Einleitung zu Wagners Musikdrama steht. Die Per-

---

[13] Die häufigen Proben und Aufführungen von Mozarts *Le nozze di Figaro* unter der Leitung von Strauss sind dokumentiert in: Franz Trenner, *Richard Strauss. Chronik zu Leben und Werk,* hrsg. von Florian Trenner, Wien 2003, passim.

[14] Ein vermutlich weiteres Zitat verbirgt sich hinter der Stelle 16 Takte nach Ziffer 11: „Du hättest dieses Spiel nicht gewonnen!", zumindest deutet der kurzfristige und unvermittelte Übergang zum „Du", mit dem der Justizrat den Kapellmeister Stroh hier anredet, darauf hin. Der Kontext mit der gerade aufgespielten Pique-Karte läßt unmittelbar an Peter Tschaikowskis Oper *Pique Dame* op. 68 nach der Erzählung Alexander Puschkins und deren dramatisches Ende denken, doch findet sich dort weder eine entsprechende Text- noch Musikstelle.

[15] Vgl. die Erinnerungen des Dirigenten Karl Böhm: „Strauss erzählte mir immer: ‚Ich weiß nicht, warum sich die Leut' darüber aufregen, daß ich Skat spiele. Schauen'S, Böhmerl, wenn ich Skat spiele, ist das der einzige Moment in meinem Leben, wo ich nicht arbeite.'" Karl Böhm, *Ich erinnere mich ganz genau. Autobiographie,* Wien usw. 1974, S. 107.

siflage geht noch weiter: Auf den „Tristan-Akkord" und den mit ihm verbundenen melodischen Gang, der in Leitmotivführern als „Sehnsuchtsmotiv" firmiert, folgt alles andere als sehnendes Begehren – beantwortet wird beides mit des Commerzienrats spottender Glosse: „Besonders, wenn die Frau recht weit weg ist!"

Diese kleine Blütenlese könnte an manch anderen Szenen der Partitur fortgesetzt werden, etwa an der Stelle, an der Robert Storch von einem brieflichen Bericht seiner Gattin erzählt, in dem es um eine Herrenbekanntschaft geht, ein Bericht, der im Orchester ungeniert mit einem markanten Hornmotiv kommentiert wird (Zweiter Aufzug, 5 Takte nach Ziffer 16) – spätestens seit der einschlägigen Episode am Ende von Figaros Arie „Aprite un po' quegl' occhi" aus dem vierten Akt von Mozarts *Le nozze di Figaro* weiß der musikkundige Hörer, was er sich da zu denken hat. Oder dort, wo der Kammersänger, dessen Stärke die Unterscheidung zwischen Leben und Bühne ohnehin nicht ist, auf den gegen Storch erhobenen Vorwurf der ehelichen Untreue mit Moralsprüchen aus dem Opernrepertoire reagiert: Da muß Wagners *Parsifal* – „Schwach auch er, schwach alle" (Zweiter Aufzug, 3 Takte nach Ziffer 36) – ebenso herhalten wie der Eremit aus Carl Maria von Webers *Freischütz:* „Ein Fehltritt, ist er solcher Büßung wert?" (Zweiter Aufzug, Ziffer 37). Das alles ist Komödie, nicht tiefsinnig, aber unterhaltend.

Während diese Beispiele ohne besondere verbale Kennzeichnung in den Tonsatz eingewirkt sind, markiert Strauss zweimal eine Fremdübernahme ausdrücklich als solche, indem er in Partitur und Klavierauszug die entsprechenden Partien mit dem Wort „Citat" versieht. Warum tut er das? Offensichtlich ist ihm daran gelegen, daß diese Stellen auf jeden Fall wahrgenommen und als Fremdmaterial identifiziert werden sollen; auch will der Komponist anzeigen, daß sich mit ihnen eine Aussage verbindet, auf die es ihm ankommt. Der pauschale Umkehrschluß, diese Wahrnehmung sei ihm in den anderen Fällen weniger wichtig gewesen, dürfte zwar nicht ohne weiteres gelten, doch ist daran immerhin soviel zutreffend, daß dem musikalischen Zitatwesen insofern auch ein Zug zur Esoterik eignet, als nicht alles gehört werden muß, wenn es nur der am Werk Interessierte durch einen Blick in die Noten zu erkennen vermag. Außerdem entsteht, worauf nochmals hingewiesen sei, für den Hörer bei Zitaten in der Musik zwischen der bloßen Verifikation der Übernahme und dem vollständigen Verstehen der semantischen Absicht oftmals eine Lücke, die während des Hörvorgangs nicht geschlossen werden kann. Im Falle des angeführten *Tristan*-Zitats dürfte dem unmittelbaren Verstehen wenig oder nichts im Wege stehen. Nicht so einfach verhält es sich jedoch tatsächlich mit den von Strauss gekennzeichneten Zitaten.

Sie stehen beide in der ersten Szene des ersten Aufzuges. In der unwirtlichen häuslichen Situation frühmorgendlicher Reisevorbereitungen entspinnt sich zwischen Storch und seiner Frau ein Wortwechsel, der zwischenzeitlich Züge eines handfesten Ehekrachs annimmt. Bei der lauten Vordergründigkeit des Geschehens könnte leicht übersehen werden, daß Strauss die Protagonisten dieser Auseinandersetzung als Stellvertreter zweier Kunst- und Weltanschauungen charakterisiert. Der Kapellmeister bekennt sich zu seiner bürgerlich-romantischen Musikerexistenz: Ihr sind die Anforderungen des Alltags angesichts der moralischen Verpflichtung zum Schaffen eines künstlerischen Œuvres nichtig; die idealistische Pointe des durchaus wilhelminisch-gründerzeitlichen Bekenntnisses liegt darin, daß nur „Kopfarbeit“, das heißt „produzierendes Denken beim Künstler, beim Gelehrten, bei einem Erfinder“, die einzige Form der Arbeit darstelle, die legitimer Weise überhaupt als solche zu bezeichnen sei. Die Gattin des Kapellmeisters hat mit diesem hochstrebenden Anspruch wenig im Sinn. Ihrem innerweltlichen Realismus kommt

Notenbeispiel 4:

a) Richard Strauss, *Intermezzo* op. 72, Erster Aufzug, Ziffer 37– 5 Takte nach Ziffer 41 (Klavierauszug)

derartiges Künstlertum suspekt vor, als leeres, weltflüchtiges Gehabe. Hochstrebender Romantizismus auf der einen Seite und erdverbundene Sachlichkeit auf der anderen stoßen sich besonders hart bei der Bewertung künstlerischen Ausdrucks im Raum. Für Frau Storch ist die Sache eindeutig, ihr „paßt das ganze Milieu nicht, die Öffentlichkeit und was sich so alles an den Künstler herandrängt: diese schamlosen Dichter, die alle ihre Erlebnisse auf die Straße tragen, so ein Kapellmeister, der den

a) (Fortsetzung)

b) Charles Gounod, *Faust*, Dritter Akt, Duett No. 11, Takt 1–6 (Partiturausschnitt)

Vollgefress'nen unten im Parkett den Hampelmann macht und seine brünstigen Gefühle im Viervierteltakt preisgibt! Pfui Teufel!".

Den vermeintlichen heißen Gefühlen des Kapellmeisters gilt das in der Trompete hervortretende Zitat aus Charles Gounods 1859 uraufgeführter Oper *Faust*[16], hier das erste Thema des zentralen Liebesbekenntnisses zwischen Margarete und Faust „Il se fait tard, adieu!" vom Ende des dritten Akts.

Auf den ersten Blick scheint dieses Zitat nicht mehr als ein Doppelbeleg zu sein. Als solchen hätte man sich freilich treffendere Stellen denken können, etwa, um nicht immer *Tristan* zu bemühen, aus der Wälsungen-Glut in der dritten Szene des ersten Aufzugs von Wagners *Die Walküre* (wo sich, nebenbei bemerkt, die Brunst auch im geforderten Viervierteltakt austobt). Doch Strauss geht es hier nicht um einen komödiantischen Scherz, sondern um eine ernsthafte Opern-, mehr noch Kulturkritik. Denn Gounods Oper, die in Deutschland seit der Dresdener Premiere 1861 nur unter dem Titel *Margarete* lief, galt ihm wie den meisten seiner deutschen Kunstgenossen als *opus ingratum.*[17] Als einem Zeugnis ‚welscher' Verballhornung

---

16 Charles Gounod, *Faust. A Lyric Drama in Five Acts,* Partitur, New York o. J.

17 Zur allgemeinen zwiespältigen Haltung der deutschen Kenner gegenüber der Oper Gounods siehe: Carl Dahlhaus, *Die Musik des 19. Jahrhunderts,* Wiesbaden und Laaber 1980 (= Neues Handbuch der Musikwissenschaft, 6), S. 230; Ulrich Schreiber, *Opernführer für Fortgeschrittene. Eine Geschichte des Musiktheaters.* Bd. 2: *Das 19. Jahrhundert,* Kassel usw. 1991, S. 806–810. – Große Bedeutung für das eher reservierte Urteil über den Komponisten (freilich nicht beim breiten Publikum) hatte Gounods 1853 veröffentlichte und rasch weit verbreitete *Méditation sur le Ier Prélude de Piano de S. Bach,* besonders in der Vokalform mit dem Text des *Ave Maria;* siehe dazu die materialreiche rezeptionsgeschichtliche Studie von Georg Feder, „Gounods ‚Méditation' und ihre Folgen", in: *Die Ausbreitung des Historismus über die Musik. Aufsätze und Diskussionen,* hrsg. von Walter Wiora, Regensburg 1969 (= Studien zur Musikgeschichte des 19. Jahrhunderts, 14), S. 85–122.

des deutschen Nationalstoffs schlechthin, als Potpourri süßlicher Melodien zu falschen Gefühlen brachten ihr Künstler und Intellektuelle in Deutschland Verachtung entgegen. Während der Arbeit am *Intermezzo* veröffentlichte Strauss im *Neuen Wiener Journal* einen Aufsatz unter dem Titel „Erwägungen zum Opernspielplan“, in dem unter anderem über Opern gehandelt wurde, die „ihrer Qualität nach längst dem Orkus verfallen sein müßten, wie etwa ‚Margarethe‘, ‚Mignon‘, ‚Martha‘, ‚Lucia‘ oder ‚Der Trompeter von Säckingen‘“.[18] Nicht von ungefähr stehen hier Werke von französischen und italienischen sowie von der französischen Oper stark beeinflußten deutschen Komponisten in einer Reihe. Die Malice der Kapellmeistersgattin Storch erfährt durch das Zitat[19] der im breiten bürgerlichen Publikum wohlbekannten Liebesmelodie aus Gounods Erfolgsoper in den Augen von Strauss eine musikalisch sprechende Bestätigung, handelt es sich nach deutscher Lesart bei diesem französischen Duett ja nicht um den Ausdruck der tragisch-verstrickten Liebe zwischen Margarete und Faust, sondern gleichsam um den der schwülen Leidenschaft einer Pariser *femme fatale* und ihres Galans. Zweifellos hat sich Strauss nicht mit der wütenden Verbalattacke seiner Opernprotagonistin identifiziert. Doch sein durch das Gounod-Zitat in Tonsprache gebrachtes Mißfallen gilt nur mittelbar dem vordergründigen Inhalt dieses überzogenen Ausbruchs. Es richtet sich vielmehr gegen eine Musik, die einen solchen Angriff auch seiner Meinung nach verdiente.

Was an diesem Zitat und seinem Kontext in der Zeit nach dem Ersten Weltkrieg durchaus auch als nationalistische Pointe verstanden werden konnte – am Ende des Zweiten Weltkrieges dekretierte Strauss in seinem künstlerischen Vermächtnis an Karl Böhm, daß „alle zu Operntexten <u>verunstalteten</u> Libretti nach klassischen Dramen, wie z. B. Gounods Margarete [...] nicht auf die deutsche Bühne“ ge-

---

[18] Richard Strauss, „Erwägungen zum Opernspielplan“, zitiert nach: ders., *Betrachtungen und Erinnerungen,* hrsg. von Willi Schuh, Zürich 1949, Taschenbuchausgabe der zweiten, erweiterten Auflage 1957, München 1989, S. 39–45, hier S. 43. – Strauss' Abneigung gegen Gounods Oper artikuliert sich aber schon viel früher, so deutlich etwa in seinem Brief vom 5. Januar 1890 an Cosima Wagner: „Ich habe es mir neulich wieder so recht vor Augen geführt, welch ein Frevel gerade bei der Empfänglichkeit des niederen Volkes (an dem gebildeten ist ja kaum mehr etwas zu bessern) unsre Theaterrepertoire sind. Am Weihnachtstage war bei der herrschenden Influenza im Theater nur mehr Gounods lieblicher ‚Faust‘ möglich, ich hatte mich mit Händen und Füßen gegen die Oper gesträubt, deren großer Erfolg in Deutschland einer der größten Schandflecke für das deutsche Volk (ich spreche schon wieder davon) ist, es ging aber nicht anders“, siehe *Cosima Wagner – Richard Strauss. Ein Briefwechsel,* hrsg. von Franz Trenner unter Mitarbeit von Gabriele Strauss, Tutzing 1978 (= Veröffentlichungen der Richard-Strauss-Gesellschaft München, 2), S. 16.

[19] Dabei ist – über die hier in den Vordergrund gerückte Bedeutung – auch noch eine autobiographisch-ehebezogene Anspielung denkbar. Strauss berichtet 1947 über die Anfangszeit der Beziehung zu seiner späteren Frau in Weimar: „Ich studierte in München [gemeint ist der Zeitraum von etwa 1887 bis 1889] mit Pauline Agathe, Elsa, Gretchen von Gounod“, in: „Pauline Strauss-de Ahna“, in: Betrachtungen und Erinnerungen (wie Anm. 18), S. 247–249, hier S. 247. – Die besagte Stelle aus Gounods Oper zitiert Strauss allerdings bereits 1885 in seinem Lied *Die Nacht* op. 10/3 (TrV 141/III), also bevor er Pauline überhaupt kannte; Richard Strauss, *Lieder.* Gesamtausgabe hrsg. von Dr. Franz Trenner, Bd. 1, London 1964, S. 7 f.

hören[20] –, das erweiterte sich in dem zweiten gekennzeichneten Zitat zum sublimen Ausdruck eines kulturgeschichtlich vermittelten Antisemitismus.

Bevor dessen Hintergrund beleuchtet wird, sei in einem Exkurs zu Straussens Musikgeschichtsverständnis zunächst erläutert, wie er sich selbst in der Geschichte der Tonkunst verortete, mit welcher historischen Dignität für ihn Namen aus der Vergangenheit versehen waren und welchen ästhetischen Rang sie einnahmen.[21] Strauss zog die für sein eigenes Schaffen entscheidende musikgeschichtliche Hauptlinie von Mozart und Beethoven aus zu Hector Berlioz und Franz Liszt, von dort hin zu seinem künstlerischen Zentralstern Richard Wagner. Mit diesen überragenden Vorgängern verband er die Entwicklung der modernen symphonisch-dramatischen Musik, an deren Ende er sich selbst sah. Auf einer Nebenlinie ordnete er als bedeutsamen Lyriker Franz Schubert an, in Abstand zu ihm Robert Schumann, Frédéric Chopin und Felix Mendelssohn Bartholdy und schließlich, ausdrücklich als Epigonen klassifiziert, Johannes Brahms, Anton Bruckner und Peter Tschaikowsky. Gültige Kunstwerke zeichneten sich für Strauss zum einen durch ihren „Ausdruck“, den „wahrhaften poetischen Gehalt“ (oder die „poetische Idee“)[22] aus, in der sich symbolhaft die menschliche Seele und eine übergreifende kulturelle Wahrheit ausdrückte, zum andern durch ihre individuelle, ganz aus der Einzigartigkeit ihres Ausdrucksgehalts hervorgehenden Form: „Nur wo der Inhalt und die Form in höchster Vollendung sich decken, wie bei unsern ganz Großen, ist vollkommene Kunst erreicht.“[23] Dagegen erhoben sich Komponisten, die in ihren Werken nicht die aus der poetischen Idee herausgetriebene individuelle Form anstrebten, sondern die innerhalb von Formmodellen, die aus der Tradition überkommen waren, ein – nach Strauss – lediglich „willkürliches Musikmachen“[24] praktizierten, kaum über die

[20] Brief vom 27. April 1945, in: *Richard Strauss – Karl Böhm. Briefwechsel 1921 – 1949,* hrsg. und kommentiert von Martina Steiger, Mainz usw. 1990, S. 187.

[21] Strauss' Musikgeschichtsverständnis behandelt ausführlich Hottmann, *Historismus* (wie Anm. 11), S. 107–126; dazu auch Gerhard Splitt, „Richard Strauss' Idee vom Ende der deutschen Musik 1945“, in: *Musik in Bayern* 41 (1990), S. 37–61; Laurenz Lütteken, *Eine 3000jährige Kulturentwicklung abgeschlossen. Biographie und Geschichte in den Metamorphosen von Richard Strauss,* Zürich 2004 (= Hundertneunundachtzigstes Neujahrsblatt der Allgemeinen Musikgesellschaft Zürich Auf das Jahr 2005); Jens Peter Schütte, „Komponieren als Konstruktion von Geschichte: München – Ein Gedächtniswalzer von Richard Strauss“, in: *Musik in Bayern* 68 (2004), S. 147–194, sowie Walter Werbeck, „Der ‚griechische Germane‘. Griechische Antike und Mythologie im Werk von Richard Strauss – eine vorläufige Bilanz“, in: *Musik-Konzepte.* Neue Folge, Heft 129/130, München 2005, S. 5–24.

[22] So schon 1887 in einem Brief an Karl Wolff, zit. nach Richard Strauss, *Dokumente. Aufzeichnungen, Aufsätze, Vorworte, Reden, Briefe,* hrsg. von Ernst Krause, Leipzig 1980, S. 61. – Der Begriff der „poetischen Idee“ begegnet bei Strauss häufiger, bereits früh beispielsweise im bekenntnishaften Brief vom 24. August 1888 an Hans von Bülow, siehe Gabriele Strauss (Hrsg.), *Lieber Collega! Richard Strauss im Briefwechsel mit zeitgenössischen Komponisten und Dirigenten,* 1. Band, Berlin 1996 (= Veröffentlichungen der Richard-Strauss-Gesellschaft, 14), S. 81–83; grundsätzlich dazu Walter Werbeck, *Die Tondichtungen von Richard Strauss,* Tutzing 1996 (= Dokumente und Studien zu Richard Strauss, 2), S. 80–89, passim; auch Hottmann, *Historismus* (wie Anm. 11), S. 113.

[23] Richard Strauss, „Vom melodischen Einfall“, in: ders., *Betrachtungen* (wie Anm. 18), S. 161–167, hier S. 165.

[24] Ebenda, S. 166.

Stellung von geschichtlich letztlich überflüssigen Musikern hinaus. Für Strauss tat sich an dieser Stelle die Kluft auf zwischen dem Talent, das lediglich schon beschrittene Wege verbreitert, und dem Genie, das schöpferisch in Neuland vorstößt. Diese für Strauss zentrale Position seines Denkens findet sich in einem bislang kaum beachteten Gelegenheitswerk verdichtet, einem kleinen Lied für eine Singstimme und Klavier, mit dem Titel *Zugemeßne Rhythmen* TrV 269.[25] Es ist für unseren Argumentationsgang deswegen so aussagekräftig, weil sich in ihm die Geschichtsauffassung des Komponisten nicht verbal artikuliert, sondern über musikalische Zitate zu einem dichterischen Text.

Am 25. Februar 1935 schrieb Strauss die nur 19 Takte umfassende Vertonung der letzten Strophe aus Johann Wolfgang Goethes Gedicht „Nachbildung" nieder. Die Vorlage aus dem „Buch Hafis" des *West-östlichen Divans* (II, 7) lautet:

> „Zugemeßne Rhythmen reizen freylich,
> Das Talent erfreut sich wohl darin;
> Doch wie schnelle widern sie abscheulich,
> Hohle Masken ohne Blut und Sinn.
> Selbst der Geist erscheint sich nicht erfreulich,
> Wenn er nicht, auf neue Form bedacht,
> Jener todten Form ein Ende macht."[26]

Goethe richtet sich in dieser Strophe wohl gegen Joseph von Hammer, den Übersetzer der Gedichte des Hafis, der „aus der Verlegenheit heraus, die persische Reimart nicht nachahmen zu können, den Ghaselen feste Rhythmen"[27] zugemessen hatte, die der fremden Dichtart jedoch widersprachen. Während Hammer – das Talent – sich einem tradierten Regelvorrat anpaßt, der aber nur zur unbefriedigenden Nachbildung taugt, strebt Goethe die schöpferische Neubildung an, die den Geist des Vorbilds in neuer Form aufscheinen läßt.

Strauss projiziert die in Goethes Gedicht lyrisch gefaßte literarhistorische Kontroverse des frühen 19. Jahrhunderts auf seine teleologische Sicht der musikgeschichtlichen Entwicklung von der Mitte des 19. Jahrhunderts bis in seine Gegenwart hinauf.

Die wenigen Takte des Liedes sind prall gefüllt mit musikalischem Material, das die Textaussage Goethes aus ihrem historischen Zusammenhang löst und im Sinne von Strauss neu kontextualisiert. Der Beginn steht im Zeichen einer provozierenden Banalität: Das Lied hebt mit einer marschmäßig rhythmisierten, simplen Kadenzformel an, wie sie tausendfach in der Musik anzutreffen ist; daß sie hier am Anfang steht, obwohl sie üblicherweise eher zur Schlußbildung dient – wie sich zeigen wird, tut sie das später auch in diesem Stück –, übt einen freilich eher schalen Reiz aus. Harmonisch stehen die beiden Takte dominantisch zur Grundtonart

[25] Strauss, *Lieder* (wie Anm. 19), Bd. 3, S. 185 f. – Zur Entstehungsgeschichte und Deutung siehe Willi Schuh, „Zur Vertonung des Divan-Gedichts ‚Zugemessne Rhythmen'", in: *Richard-Strauss-Jahrbuch 1954*, S. 122–124 (mit Erstausgabe der Komposition, S. 101).

[26] Johann Wolfgang Goethe, *West-östlicher Divan. Studienausgabe*, hrsg. von Michael Knaupp, Stuttgart 1999 (= Universal-Bibliothek Nr. 6785), S. 44, dazu Kommentar S. 698–700.

[27] Ebenda, S. 700.

Notenbeispiel 5:

Richard Strauss, *Zugemeßne Rhythmen* TrV 269

Notenbeispiel 5 (Fortsetzung):

C-Dur, die im dritten Takt auch, ohne jede Überraschung, einsetzt: Hier herrscht pure Konvention. Das Talent, so sagt der Text, erfreut sich an ihr, und das Talent bekommt an dieser Stelle einen Namen. Denn Strauss zitiert dazu das Allegro-Hauptthema aus dem Finale der Ersten Symphonie op. 68 von Johannes Brahms.[28]

Notenbeispiel 6:

a) Johannes Brahms, *Symphonie* Nr. 1 c-Moll op. 68, 4. Satz (Finale), „Allegro non troppo, ma con brio“, T. 62–70 (Partiturausschnitt)

Nachdem sich die wohlige Gefühligkeit in Takt 5 ausgesungen hat, schlägt die Stimmung plötzlich um. Die „zugemeßnen Rhythmen“ „widern abscheulich“, entpuppen sich als „hohle Masken ohne Blut und Sinn“. Strauss greift den Anfang wieder auf, kleidet ihn aber in ein schillerndes Klanggewand aus verminderten und übermäßigen Akkorden sowie aparten Rückungen, ein Klanggewand, das spätestens mit einer ähnlich verbrauchten Kadenz wie am Schluß des Brahms-Zitats seine Fadenscheinigkeit erweist. Trotz Aufwand an Mitteln bleibt das Ergebnis mißtönend und alltäglich. Nur wer sein Schaffen „auf neue Form“ ausrichtet, ist ein „richtiger“ Künstler, und die Anspielung auf das Duett Arabella–Zdenka aus dem ersten Akt von Straussens Lyrischer Komödie *Arabella,* wo es heißt: „Aber der Richtige [wenn's einen gibt für mich auf dieser Welt]“ lenkt das hörende Mitdenken zusätzlich auf diesen Sachverhalt.[29]

Die Erschaffung „neuer Form“ verlangt, daß der „todten Form ein Ende“ gemacht wird. Die Musik zu diesen Schlußworten des Gedichts steht wieder in der Dominante G-Dur, bereitet also den Eintritt der Tonika und mit ihr des Ziels der

[28] Johannes Brahms, *Symphonie Nr. 1 c-Moll opus 68,* hrsg. von Robert Pascall, München 1996 (= Johannes Brahms Neue Ausgabe sämtlicher Werke, Serie I, Band 1).

[29] Richard Strauss, *Arabella. Lyrische Komödie in drei Aufzügen* von Hugo von Hofmannsthal [...] opus 79, Klavierauszug mit Text von Felix Wolfes. Berlin 1933. An dieser Stelle der Oper zitiert Strauss bekanntlich eine südslawische Volksweise; im Lied handelt es sich also um das Zitat eines Zitats.

b) Richard Strauss, *Arabella* op. 79, Erster Aufzug, Ziffer 54 (Klavierauszug)

harmonischen Entwicklung vor. Auf den Dominantgrundton setzt Strauss das Zitat des ‚Hauptthemas' aus seiner Tondichtung *Tod und Verklärung* op. 24.[30]

Es setzt mit dem gleichen Auftakt *g-c'* wie das Symphoniethema von Brahms ein. Die materiale Ähnlichkeit zwischen beiden wird nicht geleugnet, Strauss will aber den verständigen Hörer aus seiner Perspektive daran erinnern, daß bei Brahms eben bloß, wie üblich, das Hauptthema am Beginn eines Satzes erklingt, während sein Thema erstmals „als Culminationspunkt in der Mitte"[31] der dramatischen Entwicklung von *Tod und Verklärung* zu hören ist, also eben nicht an einer traditionell dafür vorgesehenen Stelle in einem herkömmlichen Formmodell. Doch Strauss beansprucht nicht für sich, „der todten Form ein Ende" gemacht zu haben. Er steht lediglich in der künstlerischen Pflicht eines großen Meisters, der ihn diese Forderung der wahren Kunst gelehrt hat: Das C-Dur des Klavier-Nachspiels setzt mit der bekannten rhythmischen Formel vom Beginn ein, und das tonikale *c* wird im letzten

[30] Richard Strauss, *Tod und Verklärung. Tondichtung für großes Orchester Op. 24,* London usw. o. J. (= Edition Eulenburg, 442).

[31] Aufzeichnung des Komponisten zu *Tod und Verklärung* in einem Tagebuch („Blaues Heft V", Richard-Strauss-Archiv Garmisch), publiziert in: *Richard-Strauss-Ausstellung zum 100. Geburtstag,* bearbeitet von Franz Grasberger und Franz Hadamowsky, Wien 1964, S. 124/127; vgl. Werbeck, *Tondichtungen* (wie Anm. 22), S. 60 f. – Strauss hat das zentrale Thema aus *Tod und Verklärung* häufiger und in verschiedenen Zusammenhängen zitiert, beispielsweise in der Tondichtung *Ein Heldenleben* op. 40, in der Liedersammlung *Krämerspiegel* op. 66 (8. Lied) oder in den *Vier letzten Liedern* o. op. TrV 296 (IV. „Im Abendrot").

c) Richard Strauss, *Tod und Verklärung* op. 24, 6 Takte vor Buchstabe L (Partitur)

Takt auch durch sie bestätigt, zugleich aber hebt sich aus ihr das triumphale Thema der Meistersinger aus Wagners *Die Meistersinger von Nürnberg* hervor.[32]

d) Richard Wagner, *Die Meistersinger von Nürnberg* WWV 96, Vorspiel, T. 1–4 (Klavierauszug)

Zwischen dem Epigonen Brahms und dem Genie Wagner erkennt Strauss seinen Platz in der Geschichte, diesem aber wegen des eigenen Strebens nach neuer Form entschieden näher stehend als jenem, dessen Œuvre er als „hohle Maske“ ansah.

Kehren wir nach diesem Exkurs zur Oper *Intermezzo* und zur Auseinandersetzung zwischen dem Kapellmeister und seiner temperamentvollen Gattin zurück. Storch hat endlich das Haus verlassen, seine kratzbürstige Frau hat ihre aufgebrachte Stimmung noch kaum temperiert, als im Dialog mit der Haushaltshilfe ihre „höhnisch“ (so die Regieanweisung) vorgetragene Erklärung für die permanente Reiselust des Kapellmeisters laut wird: „Er hat, glaube ich, doch jüdisches Blut in den Adern!“

Das deutlich wahrnehmbare musikalische Zitat zur Rede vom jüdischen Blut stammt aus der *Ersten Symphonie* op. 38 von Robert Schumann.[33]

Welche Verbindung besteht zwischen der denunziatorisch gemeinten Textaussage und dem 1841 komponierten Symphoniethema? Die Strauss-Forschung steht diesem Phänomen ratlos gegenüber, in der Schumann-Forschung ist es unbekannt. Weder war Schumann Jude noch greift das Symphoniethema in irgendeiner Weise einen Melodietyp jüdischer Musik auf. Mehr noch: Schumann selbst hat zur Semantisierung des zitierten Themas in eine ganz andere Richtung beigetragen, als er nach Vollendung des Werks von seiner Frühlingssinfonie sprach. Das musikalische Motto des ersten Satzes könnte, wie immer wieder gemutmaßt wurde, eine tönende Umsetzung der Gedichtzeile „Im Thale blüht der Frühling auf“[34] sein. Wie aber soll

---

[32] Richard Wagner, *Die Meistersinger von Nürnberg. Oper in drei Aufzügen,* Klavierauszug von Otto Singer, Wiesbaden 1983 (= Edition Breitkopf Nr. 4506)

[33] *Robert Schumann's Werke,* hrsg. von Clara Schumann. Serie I. Symphonien für Orchester, Leipzig o. J., S. 1–108; das Motiv auf S. 7.

[34] Zur Entstehung und den Quellen siehe Margit L. McCorkle, *Robert Schumann. Thematisch-Bibliographisches Werkverzeichnis,* München 2003, S. 159–165. – Der Titel „Frühlings Symphonie“

Notenbeispiel 7:

a) Richard Strauss, *Intermezzo* op. 72, Erster Aufzug, 4 Takte nach Ziffer 59– 61 (Klavierauszug)

b) Robert Schumann, Symphonie Nr. 1 B-Dur, 1. Satz „Andante un poco maestoso“ – „Allegro molto vivace“, T. 39–42 (Partitur)

die eindeutig positiv zu verstehende, aus romantischem Gefühlsüberschwang hervorbrechende Gestik des Schumannschen „Frühlings"-Themas mit der verächtlichen Konnotation des unruhigen jüdischen Blutes zusammengebracht werden? Der einzige Versuch einer Antwort in der Literatur stammt von dem englischen Strauss-Forscher William Mann, der an eine Verwechslung von Schumann und Mendelssohn durch den Komponisten glaubt[35] – aber so einfach wird man sich die Sache nicht machen können, auch wenn der Name Mendelssohns für die richtige Lösung des Problems ein wichtiges Stichwort gibt. Der Hintergrund ist jedoch einigermaßen kompliziert und bedarf der wenigstens punktuellen Erhellung, wobei die Ausführungen unseres Exkurses mitgedacht sein wollen.

Die Schumann-Rezeption in der zweiten Hälfte des 19. Jahrhunderts stand unter dem Unstern der heftigen Parteienfehde zwischen der sogenannten Neudeutschen Schule um Franz Liszt und Richard Wagner auf der einen Seite und einer Johannes Brahms nahestehenden Komponistengruppe auf der anderen. Als wirkungsmächtiger Wortführer der Neudeutschen bei der Degradierung Schumanns zu einer Größe zweiter Ordnung profilierte sich Wagner.[36] Den bösartigsten Schlag gegen den Generationsgenossen und einstigen Weggefährten führte er im Jahre 1869 im rahmenden Brief zur zweiten Auflage des fragwürdigen Pamphlets *Das Judentum in der Musik*.[37] Wagner behauptet darin, daß der einstmals „plastische Gestaltungstrieb" Schumanns sich durch die Machenschaften der „Judenagitation" in ein „Verfließen in schwülstige Fläche bis zur geheimnisvoll sich ausnehmenden Seichtigkeit" aufgelöst habe. Vom Umgang des Komponisten mit seinem Freund Felix Mendelssohn Bartholdy sei eine verhängnisvolle „Einmischung des jüdischen Wesens" in seine Musik gelangt. Noch im gleichen Jahr 1869 führte er seine These in der Schrift *Über das Dirigieren* weiter, nun vor allem darauf pochend, Schumanns „überschraubtes Talent" sei vornehmlich an den großen Gattungen der Sym-

findet sich bereits im Particellentwurf vom Januar 1841, dazu Akio Mayeda, *Robert Schumanns Weg zur Symphonie,* Zürich und Mainz 1992, bes. S. 307–348.

35 William Mann, *Richard Strauss. A Critical Study of the Operas,* London 1964, S. 202: „Schumann was not Jewish, and I suspect that Strauss was confusing the theme with one by Mendelssohn." Die deutsche Übersetzung: *Richard Strauss. Das Opernwerk,* München 1967, verzichtet an der entsprechenden Stelle auf diese Bemerkung. Bei Norman del Mar, *Richard Strauss. A Critical Commentary on His Life and Works,* Bd. 2, London 1969, S. 247, Anm. 6 heißt es: „The appearance of the Schumann theme at Christine's unjust implication that Storch is Jewish is partcularly curious. I am disinclined however, to concur with William Mann's suggestion that Strauss, the profoundly *routiné* conductor, confused it with a work by Mendelssohn. More probably Pauline was prone to make just such a blunder in her over-use of a favourite taunt." Ratlos gegenüber dieser Stelle auch Charles Osborne: „At this point, the orchestra quotes from Schumann's First symphony (rather oddly, since Schumann was not Jewish).", in: ders., *The complete operas of Richard Strauss,* London 1988, S. 131.

36 Vgl. Ulrich Konrad, „Robert Schumann und Richard Wagner. Studien und Dokumente", in: *Augsburger Jahrbuch für Musikwissenschaft* 4 (1987), S. 211–320, besonders S. 261–269.

37 Jens Malte Fischer, *Richard Wagners „Das Judentum in der Musik". Eine kritische Dokumentation als Beitrag zur Geschichte des Antisemitismus,* Frankfurt am Main/Leipzig 2000 (= insel taschenbuch, 2617); die nachfolgenden Zitate dort S. 185; auch in: Richard Wagner, „Zensuren. V. Auflärungen über das Judentum in der Musik", in: ders.: *Sämtliche Schriften und Dichtungen.* Volksausgabe, 6. Auflage, Bd. 8, Leipzig o. J, S. 238–260, Zitate S. 255.

phonie, des Oratoriums und der Oper gescheitert.[38] Einen letzten Streich in diese Richtung ließ er 1879 durch Joseph Rubinstein, einen jungen – notabene jüdischen – Mitarbeiter führen, den er für einen Artikel „Ueber die Schumann'sche Musik" in den *Bayreuther Blättern* genau instruierte.[39] Im Gegensatz zu den bereits genannten Schriften enthält dieser Beitrag der Wagnerschen Hauspostille Notenbeispiele, an denen Schumanns formlose „Aneinanderreihung von fast ununterbrochenen Reihen simpler *Schusterflecke*" demonstriert wird. Als prominentestes Beispiel dient der Kopfsatz der *Ersten Symphonie* Schumanns.

In Straussens Münchner Elternhaus stand nun weder Wagner hoch im Kurs noch bezog der Vater Franz Strauss die *Bayreuther Blätter*. Dennoch wurde Schumann selbst in der Einschätzung des musikalisch konservativen Vaters durchaus kritisch gesehen, wie der Sohn später bezeugte: „Den ersten Klavier-Schumann bis Opus 20 ließ man gelten, der spätere wurde, als unter Mendelssohns Einfluß stehend, mit seinen rhythmischen Monotonien und seinen Periodenwiederholungen als ‚Leipziger Musik' etwas geringer eingeschätzt".[40] Als aber der junge Strauss im Jahre 1885 in den Bannkreis Alexander Ritters geriet, eines der wichtigsten publizistischen Mentoren der Neudeutschen,[41] festigte sich rasch sein ganz nach den künstlerischen und ästhetischen Prinzipien Wagners eingerichtetes musikalisches Weltbild; an diesem hat er, wie im Exkurs erörtert, bis ans Lebensende unbeirrt festgehalten. Dazu gehörte, wovon ebenfalls bereits die Rede war, auch die ablehnende Haltung gegenüber der Musik Schumanns. Ob Strauss, der Wagners Schriften sehr genau und selbstverständlich auch die *Bayreuther Blätter* kannte, jenen Artikel Rubinsteins gelesen hat, läßt sich aus den erhaltenen Zeugnissen nicht ersehen. Aber daß Schumanns *Erste* für ihn zu den überholten „Musiziersinfonien" gehörte, unterliegt keinem Zweifel.

Zurück zur Zitat-Stelle: Der Librettist Strauss nimmt in seinem Text eine Redeweise auf, die, wie viele andere auch, im deutschen Sprachgebrauch der Zeit gang und gäbe war. Wendungen wie „Nur keine jüdische Hast" oder „Der eilt wie ein Jude" gehörten zur Alltagssprache und waren Ausdruck eines eher diffusen denn dezidierten, auch noch nicht rassistisch motivierten Antisemitismus.[42] Der Kompo-

---

[38] Richard Wagner, „Über das Dirigieren", in: ders. *Sämtliche Schriften* (wie Anm. 37), Bd. 8, S. 260–337; die „Beschränktheit" der Begabung Schumanns behandelt Wagner auf S. 319f. Das Wort vom „überschraubten Talent" hat Cosima im Zusammenhang mit Schumanns Es-Dur-Symphonie am 8. Februar 1875 in ihr Tagebuch notiert, siehe Cosima Wagner, *Die Tagebücher,* Band I: 1869–1877. Ediert und kommentiert von Martin Gregor-Dellin und Dietrich Mack, München und Zürich 1976, S. 894.

[39] Joseph Rubinstein, „Ueber die Schumann'sche Musik.", in: *Bayreuther Blätter* 2 (1879), 8. Stück, S. 217–229, nachfolgendes Zitat S. 221.

[40] Richard Strauss, „Erinnerungen an meinen Vater", in: ders., *Betrachtungen* (wie Anm. 18), S. 194–202, Zitat S. 194.

[41] Zum Verhältnis des Komponisten zu Ritter siehe Richard Strauss, „Aus meinen Jugend- und Lehrjahren", in: ders., *Betrachtungen* (wie Anm. 18), S. 203–218, besonders S. 209f.

[42] So auch in Straussens Familie: „Mein Vater war sehr jähzornig: mit ihm zu musizieren war immer ein aufregendes Vergnügen. [...] Er hielt streng auf Rhythmus, wie oft schrie er mich an: ‚Du eilst ja wie ein Jude.'" Strauss, *Erinnerungen* (wie Anm. 40). S. 198. – Zur langen Tradition von antijüdischen Klischees siehe etwa Stefan Rohrbacher / Michael Schmidt, *Judenbilder. Kulturgeschichte*

nist Strauss konturiert dagegen das Diffuse der sprachlichen Aussage durch einen Verweis auf die Musikgeschichte, genauer, auf eine spezielle Deutung von Musikgeschichte. So wie – laut Wagner – der Jude Mendelssohn den Künstler Schumann durch seinen verderblichen Einfluß ins monoton Verhetzte getrieben habe – als *exemplum classicum* für diese Behauptung steht Schumanns Symphoniethema –, so muß in der Philippika der Hofkapellmeistersgattin vermeintlich jüdisches Blut in den Adern Storchs dafür herhalten, dessen Unrast zu erklären. Diese Zusammenführung von Alltags- und Kunstwelt ist gewiß bizarr. Verständlich wird sie nur über den einen Schlüssel, den Strauss ebenso wie seine künstlerischen Traditionsgenossen in ihrer aus der Geschichte übernommenen Kunstanschauung besaßen. An dieser Stelle wird außerdem deutlich, in welcher Weise ein Komponist mit musikalischem Zitieren bewußt esoterisch verfahren kann, von vorneherein mit einer begrenzten Verstehensgemeinschaft rechnend. Einen solchen Moment der partiellen Unverständlichkeit einer breiteren Hörerschaft gegenüber kann sich Strauss aber leisten, weil seine Tonsprache als Ganze unmittelbar verständlich ist und er die Entschlüsselung spezieller Botschaften, wie sie mit dem Zitat des Schumann-Themas verbunden sind, dem stillen Einverständnis mit einer kleinen Schar von ‚Eingeweihten' überantworten kann.

Daß die besprochenen Zitate von Anfang an zur genuinen kompositorischen Konzeption der entsprechenden Stellen gehören, belegen auch die im Richard-Strauss-Archiv Garmisch-Partenkirchen aufbewahrten Skizzen:[43] Im kleinformatigen Taschenskizzenbuch Tr 40 ist das Gounod-Zitat zwar nicht ausnotiert, aber mit der verbalen Bemerkung „Reminiszenz aus Faust" (fol. 26^{v}) bereits als verbindlicher Einfall festgehalten; im späteren Skizzenbuch Tr 46 folgt die Fixierung in Noten (fol. 5^{v}); im Autograph steht bei Ziffer 40 über dem System der 1. Trompete: „Citat:" (S. 21). Das Schumann-Zitat findet sich im Skizzenbuch Tr 45 (fol. 5^{v}/6^{v}); das Autograph enthält bei Ziffer 60 über dem System des 1. Horns den Vermerk „Citat" (S. 32).

IV.

Auch Alban Berg zitiert, wie eingangs erwähnt, in seinen Werken ausgiebig aus dem großen Repertoire der musikalischen Geschichte und Gegenwart. Seinen Verfahren der Übernahme fremden Materials fehlt jedoch das Spielerische, der durchaus auch distanzierte Umgang mit den Antefacta. Berg geht es beim Zitieren um etwas grundsätzlich anderes: Er bemüht sich, durch den Einbau Verständnis fördernder Traditionselemente der Tendenz zur Unverständlichkeit seiner neuartigen

---

antijüdischer Mythen und antisemitischer Vorurteile, Reinbek bei Hamburg 1991 (= kulturen und ideen in rowohlts enzyklopädie), oder Julius H. Schoeps / Joachim Schlör (Hrsg.), *Antisemitismus. Vorurteile und Mythen,* München 1995.

[43] Zur Beschreibung der im folgenden genannten Autographe siehe Franz Trenner, *Die Skizzenbücher von Richard Strauss aus dem Richard-Strauss-Archiv in Garmisch,* Tutzing 1977 (= Veröffentlichungen der Richard-Strauss-Gesellschaft München, 1), S. 57 (Tr 40), 60 (Tr 45), 61 f. (Tr. 46). – Für die Unterstützung bei meinen Recherchen in Garmisch danke ich der Familie Strauss, ganz besonders Frau Gabriele Strauss.

Tonsprache entgegenzuwirken. Das Zitat dient, selbstverständlich nicht allein, aber auch der Legitimation des Revolutionären vor der Tradition.

Theodor W. Adorno erinnert sich in seiner Berg-Monographie des merkwürdigen Eindrucks, den das Äußere des Komponisten, jedenfalls auf ihn, machte: „Erscheinung, Haltung und Blick hatten etwas vom tappend träumenden Riesen. Gut hätte man sich vorstellen können, daß ihm alle Dinge beängstigend vergrößert erschienen, wie es von Pferden berichtet wird. Das mikrologische Element seines Komponierens mochte darauf antworten: die Details sind so winzig, infinitesimal, weil der Riese sie wie durch ein Opernglas gewahrte.“[44] Von solchen ‚mikrologischen Elementen‘, deren die Werke Bergs im allgemeinen und der *Wozzeck* im besonderen unzählige enthalten, wird nun zu handeln sein. Wie durch ein Opernglas schauend, also die unbegrenzte Weite auf punktuelle Ausschnitte reduzierend, soll aus dem *Wozzeck* die große Szene im Wirtshausgarten, die vierte des zweiten Akts, betrachtet werden. Noch enger stellen wir den Blickwinkel ein: Gegenstand der Analyse ist die Verwandlungsmusik der Takte 412 bis zum Eintritt der neuen Handlung in T. 443 sowie die Episode des Narrenauftritts von T. 651–669.[45]

Nach den unverhohlenen Andeutungen des Hauptmanns (II, 2, T. 293 ff.) und der heftigen Auseinandersetzung mit Marie (II, 3) hat Wozzeck erkennen müssen, daß seine Geliebte ihn betrogen hat und somit der letzte Halt und Sinn seines Lebens zunichte gemacht worden ist. Der Schwindel, der ihn beim Blick in den Abgrund wanken läßt (II, 3, T. 400 ff.), wird in der folgenden Szene zugleich kontrastiert und bestätigt vom Taumel der enthemmten Sinne Maries und des Tambourmajors auf dem Tanzboden, den rauschhaften Äußerungen der Handwerksburschen und der beklemmenden Vision des Narren. Berg faßt diesen Taumel in der Wirtshausszene musikalisch in verschiedenen Tanzformen. Er vermag gerade damit die zentrifugalen Kräfte sinnlich erfahrbar zu machen, die Wozzeck endgültig aus der Bahn werfen und in Mord und Untergang treiben.

Die Szene vertritt, gemäß der großformalen Disposition des zweiten Aktes als Zyklus symphonischer Sätze, die Stelle des Scherzos, hier in der weit ausgreifenden Gestaltung eines Doppelscherzos mit zwei Trios sowie variierenden Reprisen.[46] Als

[44] Theodor W. Adorno, *Berg. Der Meister des kleinsten Übergangs,* Wien 1968 (= Österreichische Komponisten des XX. Jahrhunderts, 15), S. 22; auch in: ders., *Gesammelte Schriften Band 13: Die musikalischen Monographien,* Frankfurt 1971, S. 342 f.

[45] Der Untersuchung liegt die „nach den hinterlassenen endgültigen Korrekturen des Komponisten“ von H. E. Apostel 1955 revidierte und in der Universal Edition (U. E. 12100) erschienene Partitur zu Grunde; s. dort S. 286–292, 335 f.

[46] Fritz Mahler, *Zu Alban Bergs Oper „Wozzeck“. Szenische und musikalische Übersicht,* Wien 1957, S. 4 f.; Gerd Ploebsch, *Alban Bergs Wozzeck. Dramaturgie und musikalischer Aufbau,* Straßburg / Baden-Baden 1968 (= Sammlung musikwissenschaftlicher Abhandlungen, 48), S. 55–64, bes. S. 56; Peter Petersen, *Alban Berg, Wozzeck. Eine semantische Analyse unter Einbeziehung der Skizzen und Dokumente aus dem Nachlaß Bergs,* München 1985 (= Musik-Konzepte Sonderband), S. 227–237, bes. S. 229. Vgl. dazu Bergs eigene Ausführungen: „Die musikalischen Formen in meiner Oper Wozzeck“, in: *Die Musik* 16 (1924), S. 587–589 (auch in: Attila Csampai / Dietmar Holland [Hrsg.], *Alban Berg, Wozzeck. Texte, Materialien, Kommentare,* Reinbek bei Hamburg 1985 [= rororo opernbuch], S. 150–153); ders., „‚Wozzeck‘-Vortrag von 1929“, in: Hans Ferdinand Redlich, *Alban Berg. Versuch einer Würdigung,* Wien 1957, S. 311–327, bes. 322 f.

musikalische Klammern fungieren, neben solistischen und chorischen Gesängen (Liedern), vor allem Tänze im Dreivierteltakt. Die Wirtshausszene stellt auch eine der großen Tanzszenen der Operngeschichte dar, ein Moment der Tradition, das für unsere Deutung des musikalisch-sinnstiftenden Verfahrens, das Berg hier anwendet, von Belang ist. Das äußert sich vor allem dort, wo die Szene noch nicht begonnen hat, nämlich in der hinleitenden instrumentalen Musik.

Vergleichsweise spät sind in diesem Abschnitt der Partitur Einsprengsel von Musik anderer Komponisten bemerkt worden.[47] Tatsächlich stößt der Hörer an drei Stellen auf bekannte Motive, wobei die Erinnerung durch den von Berg intendierten tonalen Hintergrund der Passage befördert wird.[48]
Am deutlichsten wahrgenommen wird der Kopf des Menuetts aus dem *Don Giovanni* von Mozart, der Beginn jenes Tanzes, der im Finale des ersten Aktes die dortige Tanzszene eröffnet.[49] Bei Mozart intoniert ein Bühnenorchester diese Musik, gleiches geschieht bei Berg. Es erklingen im Bombardon die harmonischen Grund-

---

[47] Soweit ersichtlich, hat Hans Ferdinand Redlich erstmals explizit auf die „thematischen Reminiszenzen", „Stilmodelle" oder „Ableitungen" an bzw. aus Mozarts, Webers und Straussens Werken in der Wirtshausszene von Bergs *Wozzeck* hingewiesen; siehe Redlich, *Berg* (wie Anm. 46), S. 119f. Bereits vor der Uraufführung hatte Emil Petschnig in einem polemischen Beitrag zum Werk den entsprechenden Abschnitt folgendermaßen kommentiert: „Den Scherzoteil bestreitet ein Ländler und ein Walzer, die von Ziehharmonika, Bombardon, zwei Fiedeln, Klarinette und Gitarre in einem Wirtshausgarten Burschen und Dirndeln aufgespielt werden. Situation (Wozzeck muß zusehen, wie Marie und der Tambourmajor mitsammen tanzen) und daher ähnlich die Form ist der in ‚Hans Heiling', nur daß Marschner seinen Tanz bereits dem Gemütszustand des Berggeistes entsprechend färbt und damit eine packende Wirkung erzielt, wovon in unserem Fall keine Spur ist. Vielmehr findet, nach dem Muster des ‚Rosenkavalier', ein Gegen- und Ineinanderwirken von Bühnen- und Orchestermusik statt. Einige humoristisch gemeinte Momente dieser Szene erinnern ferner an das Judenquintett der ‚Salome'." Ders. „Atonales Opernschaffen", in: *Die Musik* 16 (1923/24), Heft 5, S. 340–345, hier S. 341f. Gegen diesen vermeintlichen Hintergrund verwahrte sich Berg in einer Replik energisch: „Mit der weiteren Behauptung, ‚den Scherzoteil (II./4) bestreitet ein Ländler und ein Walzer', ist auch die Form dieser Szene – da ebenso missverstanden – ganz unzulänglich wiedergegeben und damit ihre Gestaltung als Sinfoniesatz geleugnet. [...] Mit dieser Richtigstellung entfallen aber auch – als ganz unangebracht – alle tendenziösen Hinweise auf *‚Hans Heiling'*, *‚Rosenkavalier'* und *‚Salome'*." Ders., „Die musikalischen Formen in meiner Oper *‚Wozzeck'*", in: Die Musik 16 (1923/24), S. 587–589, zitiert nach: Csampai/Holland, *Berg, Wozzek* (wie Anm. 46), S. 150–153, hier S. 151.

[48] In seinem *Wozzeck*-Vortrag führte Berg dazu eigens aus: „In diesem Ländler und den übrigen Tanzmusiken werden Sie Partien finden, die Ihnen, in einem anderen Sinn als in dem der rein atonalen Musik *dissonant* erscheinen mögen: dissonant, wie etwa der Zusammenklang mehrerer in verschiedenen Tonarten spielenden Musikstücke, was Ihnen sicher von Jahrmärkten her bekannt sein wird.", Redlich, *Berg* (wie Anm. 46), S. 322. Vgl. Werner König, *Tonalitätsstrukturen in Alban Bergs Oper „Wozzeck"*, Tutzing 1974, S. 83f., passim.

[49] Wolfgang Amadeus Mozart, *Il dissoluto punito ossia Don Giovanni. Dramma giocoso in zwei Akten* (1787), Partitur, Kassel usw. 1968 (= W. A. Mozart, Neue Ausgabe sämtlicher Werke, II/5/17), S. 219. Redlich, *Berg* (wie Anm. 46), S. 119 (das Notenbeispiel ist im Baß um eine Quinte tiefer zu lesen); Ploebsch, *Wozzeck* (wie Anm. 46), S. 57; Douglas Jarman, *The Music of Alban Berg,* Berkeley/Los Angeles 1979, S. 227; George Perle, *The Operas of Alban Berg*. Volume 1: *Wozzeck,* Berkeley/Los Angeles/London 1980, S. 74, 123; Mosco Carner, *Alban Berg. The Man and The Work.* Second, revised edition, New York 1983 (^{1}1975), S. 200; Janet Schmalfeldt, *Berg's Wozzeck. Harmonic Language and Dramatic Design,* New Haven/London 1983, S. 63, 145.

Notenbeispiel 8:

a) Wolfgang Amadé Mozart, *Don Giovanni*, Atto I, Scena XX, T. 406–409 (Auszug)

b) Alban Berg, *Wozzeck*, II. Akt, 4. Szene, T. 439–442 (Particell)

schritte und in der Ziehharmonika das melodische Zitat. Der Rhythmus dieses Motivs war bereits zuvor, am Ende der ersten Phrase des Ländlers (T. 414; vgl. später T. 594), angekündigt worden. Das *Don-Giovanni*-Partikel nimmt eine zweifache Funktion wahr, indem es einerseits für sich allein in einer ganz bestimmten Bedeutung – dazu gleich mehr –, andererseits in einer Vermittlerrolle steht. Hatte es zunächst als Phrasenschluß gedient, wird es in Takt 441 auch als Zeichen eingesetzt für den folgenden Einsatz des Handwerksburschen, dessen Liedmelodie eben diejenige des langsamen Ländlers von Takt 412 ist. Mit dem jetzt anders gestalteten Auftakt ruft das Burschenlied einen zweiten Anknüpfungspunkt für Bergs Musik ins Bewußtsein.

Tempo („Langsamer Ländler", Viertel = ca. 100), melodischer Gestus und Begleitrhythmus dieser Phrase in Takt 442 f. lassen an den ländlerischen Walzer aus dem dritten Auftritt des ersten Akts von Webers *Freischütz* denken.[50] Auch dabei handelt es sich um eine Tanzszene, die im dramatischen Zusammenhang der Handlung, wie im *Don Giovanni,* eine genau umschriebene Bedeutung aufweist. Das gilt in derselben Weise für das dritte wahrnehmbare Vorbild.

[50] Carl Maria von Weber, *Der Freischütz. Romantische Oper in drei Aufzügen* (1821), Partitur, hrsg. von Kurt Soldan, Leipzig 1926, S. 70–72. – Redlich, *Berg* (wie Anm. 46), S. 120; Ploebsch, *Wozzeck* (wie Anm. 46), S. 57; Carner, *Berg* (wie Anm. 49), S. 200.

Notenbeispiel 9:

a) Carl Maria von Weber, *Der Freischütz*, 1. Akt, Nr. 3, T. 4–7 (Auszug)

b) Alban Berg, *Wozzeck*, II. Akt, 4. Szene, T. 442–444 (Particell)

Berg führt in Takt 430, zart instrumentiert mit Solo-Violine, Celesta, Harfe und Fagott, einen Walzer ein, der seine Herkunft aus dem *Rosenkavalier* von Richard Strauss nicht verleugnet (vgl. später T. 604–606).[51] Die Assoziation mit dem „Leiblied“ des Ochs auf Lerchenau ist beinahe zwingend. Es erklingt in Straussens Komödie für Musik ein erstes Mal am Ende des zweiten Aufzuges (3 Takte nach Ziffer 236) beim Eintreffen der Einladung zum Rendezvous mit Mariandel/Octavian, ein zweites Mal im dritten Aufzug (Ziffer 101), gespielt vom Bühnenorchester, beim tête-à-tête von Ochs und verkleidetem Octavian.

Schon bei der bloßen Formulierung der Stellenangaben hat man Mühe, den inhaltlichen Vorgang, um den es in den beschriebenen Takten geht, mit treffenden Begriffen zu charakterisieren. ‚Zitiert‘ Berg hier Motive aus Opern Mozarts, Webers und Strauss’? Zitiert er ‚verfremdend‘, assoziiert er von Ferne oder gestaltet er bewußt nach vorhandenen Modellen? Oder handelt es sich gar nur um weitgehend

---

[51] Richard Strauss, *Der Rosenkavalier. Komödie für Musik in drei Aufzügen* (1910) Op. 59. Studien-Partitur Wien 1996 (= Richard Strauss Edition. Sämtliche Bühnenwerke, 5), S. 322–324, 328–333, 383–388. – Redlich, *Berg* (wie Anm. 46), S. 119f.; Ploebsch, *Wozzeck* (wie Anm. 46), S. 57; Perle, *Wozzeck* (wie Anm. 49), S. 74; Carner, *Berg* (wie Anm. 49), S. 200; Derrick Puffelt, „Berg and German Opera“, in: Douglas Jarman (Hrsg.), *The Berg Companion,* Houndmills/London 1989, S. 197–219, hier S. 209f., passim. – Nicht unerwähnt bleibe die allerdings dokumentarisch nicht verifizierbare Begebenheit, daß Strauss bei der Wiener Erstaufführung des Werks am 30. März 1930 beim Erklingen „seines“ Walzers demonstrativ das Theater verlassen haben soll (erwähnt u. a. bei Carner, *Berg* [wie Anm. 49], S. 200; der Besuch der Vorstellung nicht registriert bei Trenner, *Chronik* [wie Anm. 13], S. 506). Pauline Strauss notierte im „Schreib-Kalender 1930“ (Richard-Strauss-Archiv Garmisch) auf S. 23 unter dem 30. März: „Abds. Wozzek: scheußlich!–“

Notenbeispiel 10:

a) Richard Strauss, *Der Rosenkavalier*, III. Aufzug, Ziffer 101 (Auszug)

b) Alban Berg, *Wozzeck*, II. Akt, 4. Szene, T. 430–433 (Particell)

bedeutungslose Reminiszenzen? Diese Fragen sind deshalb wichtig, weil von ihrer Beantwortung die Klärung der Bedeutung eben jener Zitate, Assoziationen, Modelle oder Reminiszenzen abhängt. Die bisherige Forschung hat darauf nicht viele Anstrengungen verwendet. Hans Ferdinand Redlich beispielsweise spricht von „einer thematischen Reminiszenz“, die „merkwürdigerweise“ aus dem *Don Giovanni* in den *Wozzeck* gelangt sei, und von „Stilmodellen“ des *Freischütz* und des *Rosenkavaliers,* die Berg benutzt habe.[52] Nach Erich Forneberg haben wir es „hier offenbar mit einer Musterstelle expressionistischer Verfremdung zu tun“.[53] Die meisten Autoren jedoch umgehen das Problem und belassen es bei dem puren Hinweis auf das Fremdmaterial.

Unschwer lassen sich zum Ausdrucksgehalt dieser Passage und seiner Darstellung Parallelen ziehen etwa zum Expressionismus mit seiner übersteigernden, deformierenden und entfesselnden Darstellung der Realität[54] oder zu den zitierten Opernszenen als gleichgearteten und -gestalteten Bühnensituationen. Sie mögen für einen ersten Blick genügen, wirklich gerecht werden sie den mikrologischen Elementen, von denen Adorno gesprochen hatte, aber nicht. Um im Verstehen weiterkommen zu können, muß zunächst über den musikalischen Zusammenhang der Zitate – der einfachen Verständigung halber seien sie pauschal so bezeichnet – hin-

---

[52] Redlich, *Berg* (wie Anm. 46), S. 119. – René Leibowitz würdigte lediglich das Strauss-Zitat: „Es muß bemerkt werden, daß eines der Tanzmotive – zweifellos vollkommen bewußt – einen der Hauptwalzer des Rosenkavaliers beinhaltet.“ „Alban Bergs Wozzeck. Eine Einführung“, in: ders., Histoire de l'opéra, Paris 1957, deutsche Übersetzung zitiert nach Csampai / Holland, *Berg, Wozzeck* (wie Anm. 46), S. 219.

[53] Erich Forneberg, *Wozzeck von Alban Berg,* Berlin 1963 (= Die Oper. Schriftenreihe über musikalische Bühnenwerke), S. 61; hier auch eine Darstellung der drei ‚Zitate‘.

[54] Den expressionistischen Hintergrund betont besonders Erich Forneberg in seiner Studie „Das Volkslied als expressionistisches Symbol in Alban Bergs Wozzeck“, in: *Neue Zeitschrift für Musik* 120 (1959), S. 261–265.

aus ihr musikdramatischer Kontext bedacht werden. Denn Berg besinnt sich offensichtlich nicht nur auf eine fremde musikalische Substanz, sondern, wie es eben bei Opernausschnitten naheliegt und an den Zitaten in Straussens *Intermezzo* bereits gesehen, primär auf einen Komplex aus Wort, Ton und Handlung.

Alle drei Zitate stehen in einer engen inhaltlichen Verwandtschaft zueinander. In verschiedener Akzentuierung geht es mit ihnen und um sie herum um getäuschte oder enttäuschte Liebe, um Leidenschaft, Verführung, um Enttäuschung, Verzweiflung und Rache. Die Tanzszene im *Don Giovanni* führt die polaren Handlungszüge in ein Extrem: Hier die Figur des aristokratischen dissoluto, der die Bäuerin Zerlina verführen will und sich um die Gefühle des Bräutigams Masetto nicht im geringsten kümmert, dort die ehrsamen Masken, allesamt Opfer der unbändigen Vitalität Don Giovannis, die den Missetäter überführen wollen. Die in ihrer Liebe getäuschte und um den ermordeten Vater trauernde Donna Anna tanzt das höfische Menuett, ihre Gefühle nur mühsam verbergend. In den ersten Szenen des *Freischütz* hat der Jäger Max zum wiederholten Male die unerklärliche Macht des Schicksals erfahren, muß sich als glückloser Schütze von Kilian und den Bauern hänseln lassen und bleibt schließlich, in dumpfer Angst vor dem drohenden Verlust seiner geliebten Agathe allein vor dem Schenkgiebel zurück; dort drehen sich die ausgelassenen Paare zum Walzer. Eine andere Richtung wird mit dem *Rosenkavalier*-Walzer eingeschlagen, vor allem bei seinem ersten Erklingen in der Oper von Strauss. Hier sonnt sich Ochs in einer ordinären Selbstgefälligkeit: „Ohne mich, ohne mich, jeder Tag dir so bang, mit mir, mit mir keine Nacht dir zu lang“[55] singt er, und die von Strauss kurz darauf mit dem Walzer errichtete, auftrumpfende Klangfassade ist Abbild der Lerchenauischen Kraftmeierei. Überblickt man die hier mit wenigen Strichen skizzierten musikalisch-dramatischen Situationen, so tritt die enge Bindung zwischen jeweiligem Tanz und dazugehörigem Handlungsgehalt deutlich hervor: Das Menuett in Mozarts *Don Giovanni* ist inhaltlich besetzt – nicht ausschließlich, doch partiell – mit Donna Annas Schicksal, der Bauerntanz in Webers *Freischütz* bildet die Kulisse kollektiver Fröhlichkeit[56] hinter dem individuellen Unglück Maxens, der Walzer in Strauss' *Rosenkavalier* zuletzt symbolisiert die ungezügelte Lebenskraft des Ochs auf Lerchenau.

In diesen Konstellationen, die hier nur ausschnitthaft und ohne Anspruch auf Ausschließlichkeit vorgeführt worden sind, erweisen sich die drei Zitate als mit dem Geschehen im Wirtshausgarten verknüpft. Man kann in ihnen Präformationen der sich in der Bergschen Szene entfaltenden Handlung erkennen. Da ist Max, der sich von finstren Mächten umgarnt wähnt, der sich isoliert und auf den Abgrund zutreibt: Ist nicht das Gefühl schicksalhaften Ausgeliefertseins an unbeherrschbare Kräfte, das Max beim Tanz empfindet und wenig später artikuliert,[57] ähnlich jenem

[55] Strauss, *Rosenkavalier,* Studien-Partitur (wie Anm. 51), S. 322f.

[56] In einem Themenverzeichnis für die Verwandlungsmusik vor der letzten Szene der Oper (Wien, Österreichische Nationalbibliothek, Signatur: F21 Berg 13/I, S. 34) hat Berg seine Ländlermelodie mit dem charakterisierenden Beiwort „Volk“ versehen; zit. bei Petersen, *Wozzeck* (wie Anm. 46), S. 87.

[57] „Hat denn der Himmel mich verlassen, die Vorsicht ganz ihr Aug gewandt? Soll das Verderben mich erfassen, verfiel ich in des Zufalls Hand? [...] Doch mich umgarnen finstre Mächte; mich faßt

Wozzecks in der Wirtshausszene? Da ist Donna Anna, die angesichts der ruchlosen Taten Don Giovannis keine Ruhe findet und Vergeltung sucht: Ist nicht die Phantasie des Strafgerichts über den Übeltäter, die sie mit den anderen Protagonisten am Ende der Tanzszene hat,[58] ähnlich derjenigen Wozzecks beim Beobachten des zügellosen Tanzens von Marie und Tambourmajor? Da ist schließlich der Baron Ochs, dem Frauen nichts mehr als willfährige Ziele seiner Begehrlichkeit bedeuten: Ist nicht das protzende Zur-Schau-Stellen purer Männlichkeit ähnlich demjenigen, das Wozzecks Geliebte Marie in die Arme des Tambourmajors treibt? Weitere Details ließen sich anführen, so die erzwungene Zurückhaltung Donna Annas oder die Entdeckung der schmählichen Tat in Mozarts Tanzszene, die ihre Entsprechung im Erleben Wozzecks finden.

Es wäre kurzsichtig, wollte man diese Präformationen als exakte, in jeder Einzelheit auf Bergs Oper zu beziehende ansehen, und umgekehrt, das Geschehen im Wirtshausgarten als deckungsgleich mit den Vorgängen im *Don Giovanni, Freischütz* und *Rosenkavalier* beschreiben. So wie Berg die musikalischen Motive nicht im eigentlichen Sinne zitiert und als fremde Größen unangetastet übernimmt – tatsächlich trifft unsere Verständigungsvokabel das von Berg Gemeinte nur ungenügend –, so transportiert er nicht umstandslos dramatische Versatzstücke in seine Oper. Die Einsicht, daß Berg an dieser Stelle über den musikalischen Zusammenhang der Zitate hinaus auch an den dramatischen Kontext denkt, reicht, so förderlich sie auch ist, zur vollen Erklärung des Verfahrens noch nicht aus. Warum überhaupt sucht der Komponist hier den Kontakt zur Operngeschichte?

Man kommt bei dieser Frage nicht umhin, das vielschichtige Verhältnis Bergs zur Tradition der Tonkunst zu berühren; die jüngere Forschung hat sich dazu bereits mehrfach geäußert.[59] So sehr dieses ein individuelles ist, so allgemein sind doch die Schwierigkeiten, die sich aus der musikalischen Entwicklung seit der Jahrhundertwende im Umgang mit der Überlieferung des Vergangenen ergeben hatten. Traditionen – das ist ein Gemeinplatz – ließen und lassen sich bewahren, aber auch fortführen. In dieser einfachen Alternative sind jedoch viele Zwischenstufen nicht erfaßt. Im Blick auf Berg vermag man die Schattierungen, das zuweilen Schillernde seines Traditionsverständnisses vermutlich nur in einem Widerspruch annähernd auszudrücken: Wohl kein Œuvre der modernen Musik ist so traditionsgesättigt wie das Bergs, aber keines, das sich dermaßen der Tradition verpflichtet hat, ist so modern wie das seine.

Es ergeben sich aus diesem Paradox für die Erklärung traditioneller Erscheinungen in den Kompositionen Bergs allerdings keine einfachen Lösungen. Für Berg galten, das läßt sich in aller Knappheit sagen, die Prämissen, daß einerseits musika-

---

Verzweiflung, foltert Spott. O dringt kein Strahl durch diese Nächte? Herrscht blind das Schicksal? Lebt kein Gott?" Weber, *Freischütz,* Partitur (wie Anm. 50), S. 76ff.

[58] „Hör den Rachedonner hallen, der von allen Seiten dich umbraust; dein Schädel wird noch heute von seinem Blitz getroffen." Deutsche Übertragung zitiert nach Rudolph Angermüller (Hrsg.), *Wolfgang Amadeus Mozart. Sämtliche Opernlibretti,* Stuttgart 1990, S. 799.

[59] Siehe besonders die Studie von Ulrich Krämer, „Die Suite als Charakterstudie des Hauptmanns in Alban Bergs ‚Wozzeck'", in: *Musiktheater im 20. Jahrhundert,* Laaber 1988 (= Hamburger Jahrbuch für Musikwissenschaft, 10), S. 47–75.

lische Form selbst Inhalt der Musik sei, daß andererseits aber dieser Inhalt der Form durchaus mit einem außer ihm liegenden Inhalt zur Deckung gebracht werden könne.[60] Das wäre beispielsweise an der Wirtshausszene des *Wozzeck* leicht im Detail zu zeigen. Doch die Aufnahme des traditionellen Formmodells eines symphonischen Scherzos und die Adaption überkommener Tanztypen wie Ländler und Walzer in Verbindung mit der dramatischen Situation im zweiten Akt der Oper erschöpft sich nicht in den Zwecken der innermusikalischen Organisation und im Dienste eines charakteristischen Ausdrucksstrebens. Auch wenn Berg darauf baut, daß seine Musik hier in ihrer spezifischen Form einen unverkennbaren Inhalt habe, strebt er nach Konkretisierung, geradezu nach Begrifflichkeit wichtiger Elemente des Tonmaterials. Der Grund dafür liegt offen zu Tage: Bergs musikalische Sprache verfolgt das Ziel der Verständigung. Die Tradition einer Verstehensgemeinschaft in der Tonkunst bestand für den Komponisten noch ungebrochen. Das Innovative der Bergschen Musiksprache kündigte diese Gemeinschaft keineswegs auf. Benötigt wurden aber angesichts der zunehmenden Schwierigkeit bei der Rezeption komplexer kompositorischer Verfahren verschiedene „Außenhalte“[61], die über die Erinnerung an Altbekanntes das Verstehen des Aktuellen erleichtern sollten.

In diesem Sinne lassen sich die ‚Zitate‘ in der Einleitungsmusik zur Wirtshausszene erklären. Berg besinnt sich bei der Verwendung der Tänze auf Situationen in der Geschichte, in denen Form und Inhalt der ‚alten‘ Musik Mozarts, Webers und Strauss’ mit denjenigen seiner eigenen, gegenwärtigen im Einklang stehen. Die in der lebendigen Vergangenheit gefundenen, die sich hier regelrecht anbietenden Ausdrucksweisen werden aufgenommen, prägen den Ton der aktuellen Sprache und ermöglichen in der Vergegenwärtigung des Überkommenen eine Ahnung des künftigen Geschehens auf der Bühne. Ein weiteres, in der Tendenz ähnliches Beispiel aus der Wirtshausszene mag das Gesagte verdeutlichen.

Kurz vor Ende der Szene (T. 651 ff.) tritt der Narr auf, stellt sich „ganz nah“ (Regieanweisung T. 656 f.) zu Wozzeck und offenbart ihm „in Phrasierung und Geste mit Anlehnung an den Walzerrhythmus“ (T. 658 f.) bzw. „in melodischer Fortsetzung der Bühnenmusik“ (T. 665 ff.) seine ebenso irren wie hellsichtigen Wahrnehmungen. Diese Gesichte verdichten sich in der im Falsett gesungenen, also wie unwirklichen Artikulation des Wortes „Blut“ (T. 668), eines Wortes, das in Wozzeck das bislang unterdrückte, aber mächtig drängende Begehren nach Vergeltung freisetzt (diese wie ein Vulkanstrom ausbrechende Triebregung komponiert Berg sehr plastisch in den beiden Takten 668 und 669).

---

[60] Dazu auch Krämer, „Suite“ (wie Anm. 59), S. 47, passim.

[61] Den Begriff des Außenhalts hat Rudolf Stephan in verschiedenen Zusammenhängen verwendet und erläutert, vgl. ders., „Aspekte der Wozzeck-Musik“, in: Otto Kolleritsch (Hrsg.), *50 Jahre Wozzeck von Alban Berg. Vorgeschichte und Auswirkungen in der Opernästhetik,* Graz 1978 (= Studien zur Wertungsforschung, 10), S. 9–21, hier S. 16 f.; Artikel „Alban Berg, Wozzeck“, in: *Pipers Enzyklopädie des Musiktheaters,* Band 1, München / Zürich 1986, S. 279–283, hier S. 281; „Form und Formlosigkeit in der Neuen Musik“, in: Ekkehard Jost (Hrsg.), *Form in der Neuen Musik,* Mainz usw. 1992 (= Veröffentlichungen des Instituts für Neue Musik und Musikerziehung Darmstadt, 33), S. 53–62, hier S. 57 f.

Das Alles wird wiederum von einer rein instrumentalen Musik eingeleitet, genauer gesagt von dem bis in jede Einzelheit festgelegten Stimmvorgang des Bühnenorchesters (T. 651–664). Daß sich hier ein weiteres Mal die Erinnerung des Hörers auf die Tanzszene in Mozarts *Don Giovanni* richtet,[62] wird nicht zuletzt durch die wie in der Einleitungsmusik vom Bombardon gespielten harmonischen Grundschritte des Menuetts hervorgerufen (T. 655).

Aber Berg will mit dieser Anspielung mehr als einen bloßen Hinweis auf Mozarts in der Hauptsache innermusikalisch zu verstehendes Vorbild geben. Das Einstimmen setzt in dem Moment ein, da sich der Narr zu Wozzeck hindrängt. Zur Annäherung des Verrückten, dessen, bei dem ‚etwas nicht stimmt', erklingt eine Hintergrundmusik oder genauer, musikalisches Material, das in einem wichtigen Bestandteil, eben der exakt temperierten Tonhöhe, unvollkommen ist. Sobald die Ordnung wiederhergestellt ist, rezitiert der Narr seine scheinbar unsinnigen und doch richtigen Worte. So wie die Musik wieder stimmt, stimmen auch die Äußerungen des Narren.

In diesem wie in den zuvor behandelten Ausschnitten der *Wozzeck*-Partitur offenbart sich Bergs kompositorische Haltung, die zumindest hier mit der eines Nostalgikers oder eines Neoklassizisten – diese musikhistorische Etikette einmal bewußt negativ verstanden – nichts zu schaffen hat.[63] Keine die Gegenwart legitimierenden historischen Wendungen sucht Berg, sondern die in jeder Hinsicht fortgezeugte und sich im Wandel gleichbleibende Tradition künstlerischen Ausdrucks: Das, was die Personen in der Wirtshausszene tun und leiden, ist für Berg sowohl hier und jetzt in eigener Sprache konkret zu sagen als auch in überzeitlichem Sinne in vergleichbaren dramatischen Situationen mit anderen musikalischen Mitteln bereits ähnlich gesagt. Die über die historische Distanz gewahrte Einheit des Gesagten ermöglicht in der Gemeinschaft von Komponist und Hörer die Einheit des Verstehens.

---

[62] Mozart, *Don Giovanni,* Partitur (wie Anm. 49), S. 220–224. – Bei dieser berühmten Stelle haben die Musiker des zweiten und dritten Bühnenorchesters jeweils vor ihrem Auftritt die Instrumente zu stimmen. Im Bereich der Instrumentalmusik hatte Joseph Haydn bereits 1774 im finalen 6. Satz seiner *Sinfonie* C-Dur Hob. I:60 („Per la Commedia intitolata il Distratto") das Stimmen der Instrumente „komponiert".

[63] Vgl. dazu Douglass M. Green, „Cantus Firmus Techniques in the Concertos and Operas of Alban Berg", in: Rudolf Klein (Red.), *Alban Berg Symposion Wien 1980.* Tagungsbericht, Wien 1981 (= Alban Berg Studien, 2), S. 56–68; auch Krämer, „Suite" (wie Anm. 59), passim. – Bereits 1926 hatte Rudolf Schäfke festgehalten: „Aus dieser Aufweisung der geschichtlichen Kontinuität, innerhalb deren die Oper Wozzeck steht, und der künstlerischen Einflüsse, die auf den Komponisten gewirkt haben, folgt keineswegs, daß das Werk selbst ein Konglomerat heterogener Stile oder das unpersönliche Produkt eines Epigonentums sei. Es war die Anmaßung der historischen Betrachtungsart des 19. Jahrhunderts, auf diesem Wege über das objektive Kunstwerk, wie es an und für sich selbst gesehen sein will, etwas Entscheidendes aussagen zu wollen. Bergs Wozzeck wirkt als die künstlerische Tat einer eigenartigen Individualität und besitzt durch diese seinen besonderen Stil." Ders., „Alban Bergs Wozzeck", in: *Melos* 5 (1926), S. 267–283, hier S. 283.

Notenbeispiel 11:

a) Alban Berg, *Wozzeck*, II. Akt, 4. Szene, T. 651–669 (Partitur)

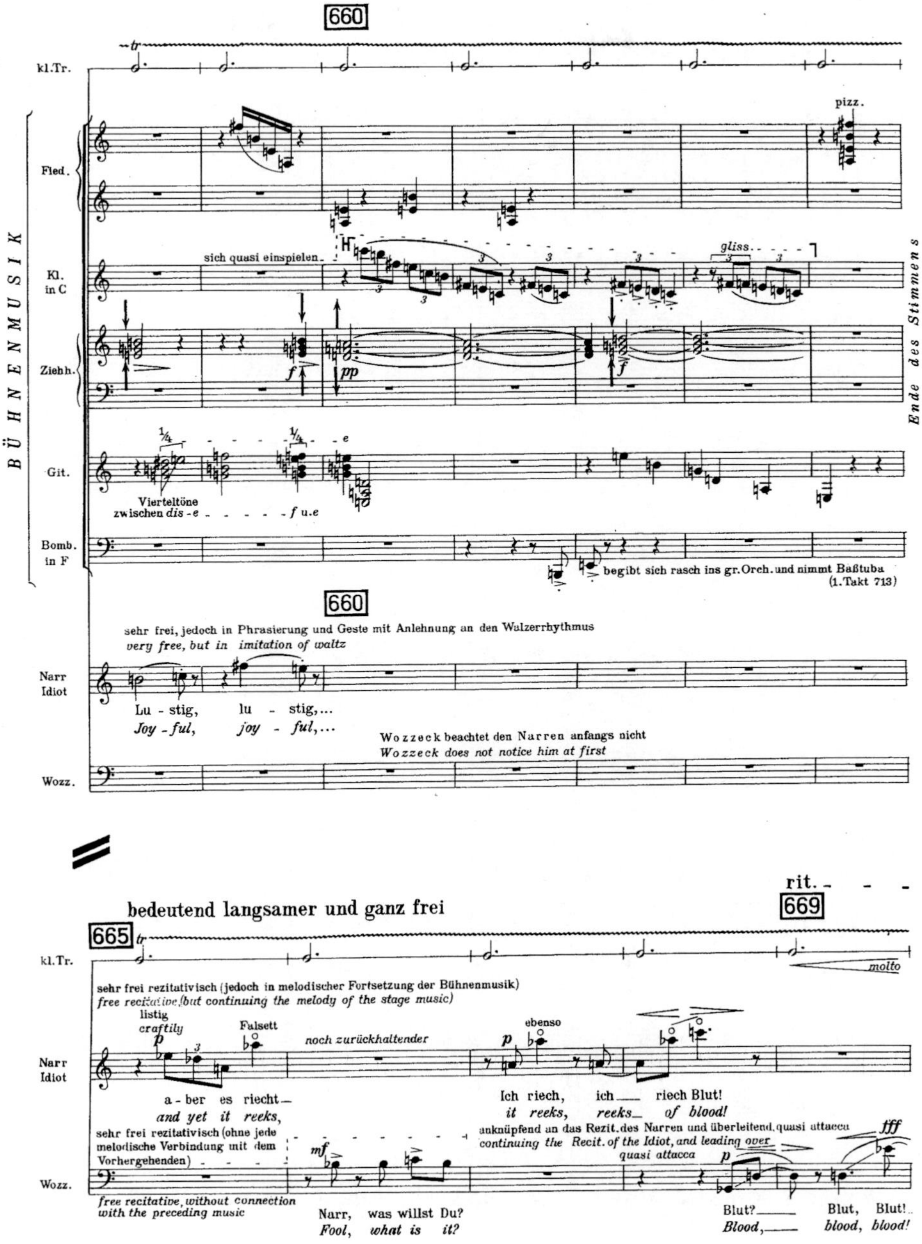

a) (Fortsetzung)

b) Wolfgang Amadé Mozart, *Don Giovanni*, Atto I, Scena XX, T. 421–440 (Partitur)

b) (Fortsetzung)

V.

Unsere Überlegungen waren von einem Fragment Nietzsches über die Allgegenwart des Zitierens aus der Vergangenheit ausgegangen. Für das sich seiner Geschichtlichkeit mehr und mehr bewußtwerdende Komponieren im 19. und vor allem im 20. Jahrhundert gehört das Zitieren zu den wesentlichen Mitteln, um den durch ‚Materialfortschritt'[64] drohenden Verlust an Verständlichkeit in Rekursen auf historisch verbürgte und einer Hörerschaft vertrauten ‚klassische Stellen' zu minimieren. Über Zitate können, das sollte an den wenigen Beispielen aus den Werken von Strauss und Berg veranschaulicht werden, implizite Gespräche zwischen Komponist und Hörer geführt werden, indem Einverständnis über gemeinsames musikalisches Wissen hergestellt wird. Seit der Moderne werden entsprechende kompositorische Verfahren mehr und mehr verfeinert. Mit welchen Dimensionen im Wechselspiel von Zitieren, Erinnern und Verstehen zu rechnen ist, mögen die analysierten Stellen aus dem *Intermezzo* und dem *Wozzeck* andeutungsweise gezeigt haben, auch, wie musikalische Zitate weit über innermusikalische Sachverhalte hinaus auf allgemein musik- und kulturgeschichtliche Vorgänge Bezug nehmen.

Der erste Satz aus Nietzsches Fragment lautet: „Wir sind späte Musiker." Im Blick auf Strauss, Berg und die Dimensionen musikalischen Zitierens in zweien ihrer Werke wird von zwei ‚Spätheiten' zu sprechen sein. Straussens ist, im Blick auf die Dimensionen musikalischen Zitierens im *Intermezzo,* bei aller vordergründigen Zeitgenossenschaft mit dem Alltagsleben der 1920er Jahre geprägt von der Verwurzelung in der deutschen Musikanschauung des 19. Jahrhunderts, angesichts der Entwicklungen der Moderne auch von Abschiedsstimmung, von zunehmender Resignation vor dem Ende der abendländischen Tonkunst. Das Werk ist sowohl „moderne, absolut realistische Charakter- und Nervenkomödie" als auch bürgerliche Oper des 19. Jahrhunderts; diese liefert die Modelle, mit der jene virtuos jongliert. Aber es ist ein zunehmend privates Spiel, das sich von der Zukunft abwendet und versucht, die Vergangenheit als Gegenwart aufscheinen zu lassen. In einer Studie zur *Ariadne auf Naxos* hat Stefan Kunze zu zeigen versucht, wie dieser Versuch der ästhetischen Rekonstruktion oder Restauration der Gattung Oper die späten Bühnenwerke von Strauss als Ganze tendenziell zu Zitaten werden läßt.[65] In dieser Hinsicht unterscheidet sich der Künstler Strauss von Berg, der sich aus der Vergangenheit heraus dezidierter auf die Zukunft einer neuen Verstehensgemeinschaft zu bewegt. Der Charakter der Spätheit Bergs im Gegensatz zu derjenigen von Strauss spiegelt sich treffend in einem Satz Thomas Manns, auch er ein großer Später. In seinem 1937 geschriebenen Vorwort zum ersten Jahrgang der Zeitschrift

[64] Die Vorstellung vom Materialfortschritt hat Adorno maßgeblich geprägt, vgl. Theodor W. Adorno, *Philosophie der neuen Musik,* Tübingen 1949; auch in: ders., *Gesammelte Schriften Band 13: Philosophie der neuen Musik,* Frankfurt 1975, Lizenzausgabe Darmstadt 1998; dort spricht er von der „Annahme einer geschichtlichen Tendenz der musikalischen Mittel" (S. 38).

[65] Stefan Kunze, „Die ästhetische Rekonstruktion der Oper. Anmerkungen zur ‚Ariadne auf Naxos'", in: *Hoffmansthal Forschungen,* hrsg. von W. Mauser, Bd. 6: *Hoffmannsthal und das Theater,* Wien 1981, S. 103–123; auch in: Stefan Kunze, *De Musica. Ausgewählte Aufsätze und Vorträge,* in Zusammenarbeit mit Erika Kunze hrsg. von Rudolf Bockholdt, Tutzing 1998, S. 507–530.

Mass und Wert steht ein Bekenntnis, mit dessen Zitat nun der Ausgang aus unserer kleinen Gedankenexkursion genommen sei: „Worauf aber besonders unser Glaube an die beispielgebende Sendung der Kunst in dieser Zeit beruht, ist die Einheit von Überlieferung und Erneuerung, die sie wesensmäßig darstellt, ihr revolutionärer Traditionismus."[66]

[66] [Thomas Mann], „Vorwort: ‚Mass und Wert'", in: *Mass und Wert* 1 (1937), Heft 1, S. 1–16, Zitat S. 3, auch in: ders., Gesammelte Werke in Einzelbänden. Frankfurter Ausgabe: *An die gesittete Welt. Politische Schriften und Reden im Exil,* Nachwort von Hanno Helbling, Frankfurt am Main 1986, S. 181–196, Zitat S. 184.

VERZEICHNIS DER NOTENBEISPIELE

Notenbeispiel 1

a) *Marseillaise*, T. 1–8

b) Robert Schumann, *Faschingsschwank aus Wien* op. 26 für Klavier, 1. Satz „Allegro", T. 286–304
aus: Robert Schumann, *Faschingsschwank aus Wien opus 26,* nach der Originalausgabe, hrsg. von Wolfgang Boetticher, München 1976, S. 11
© G. Henle Verlag München

Notenbeispiel 2

a) Alexander von Zemlinsky, *Lyrische Symphonie* op. 18, III. Gesang, Ziffer 42
aus: Alexander von Zemlinsky, *Lyrische Symphonie in sieben Gesängen nach Gedichten von Rabindranath Tagore* op. 18, Studienpartitur, Wien 1954, S. 82.
© Universal Edition A. G., Wien

b) Alban Berg, *Lyrische Suite,* IV. „Adagio appassionato", T. 32/33, 46–50
aus: Alban Berg, *Lyrische Suite für Streichquartett* (1926), Neuausgabe 2005 von George Perle (inkl. der „geheimen Gesangsstimme"), Wien und London 2005, S. 52, 54
© Universal Edition A. G., Wien

Notenbeispiel 3

Richard Strauss, *Intermezzo* op. 72, Zweiter Aufzug, 1 Takt vor Ziffer 9–13 (Klavierauszug)
aus: Richard Strauss, *Intermezzo. Eine bürgerliche Komödie mit sinfonischen Zwischenspielen in zwei Aufzügen* op. 72. Vollständiger Klavierauszug mit Text von Otto Singer, Berlin 1924, S. 193–197
© Adolph Fürstner Berlin

Notenbeispiel 4

a) Richard Strauss, *Intermezzo* op. 72, Erster Aufzug, Ziffer 37– 5 Takte nach Ziffer 41 (Klavierauszug)
aus: Richard Strauss, *Intermezzo. Eine bürgerliche Komödie mit sinfonischen Zwischenspielen in zwei Aufzügen* op. 72. Vollständiger Klavierauszug mit Text von Otto Singer, Berlin 1924, S. 30f.
© Adolph Fürstner Berlin

b) Charles Gounod, *Faust,* Dritter Akt, Duett No. 11, Takt 1–6 (Partiturausschnitt)
aus: Charles Gounod, *Faust. A Lyric Drama in Five Acts,* New York o. J., S. 217
© Broude Brothers New York

Notenbeispiel 5

Richard Strauss, *Zugemeßne Rhythmen* TrV 269
aus: Richard Strauss, *Lieder*. Gesamtausgabe hrsg. von Dr. Franz Trenner, Bd. 3, London 1964, S. 185f.
© Boosey & Hawkes London

Notenbeispiel 6

a) Johannes Brahms, *Symphonie* Nr. 1 c-Moll op. 68, 4. Satz (Finale), „Allegro non troppo, ma con brio", T. 62–70 (Partiturausschnitt)
aus: Johannes Brahms, *Symphonie Nr. 1 c-Moll opus 68,* hrsg. von Robert Pascall, München 1996 (= Johannes Brahms Neue Ausgabe sämtlicher Werke, Serie I, Band 1), S. 126
© G. Henle Verlag München

b) Richard Strauss, *Arabella* op. 79, Erster Aufzug, Ziffer 54 (Klavierauszug)
aus: Richard Strauss, *Arabella. Lyrische Komödie in drei Aufzügen von Hugo von Hofmannsthal* [...] opus 79, Klavierauszug mit Text von Felix Wolfes. Berlin 1933, S. 43
© Adolph Fürstner Berlin

c) Richard Strauss, *Tod und Verklärung* op. 24, 6 Takte vor Buchstabe L (Partitur)
aus: Richard Strauss, *Tod und Verklärung. Tondichtung für großes Orchester Op. 24,* London usw. o. J. (= Edition Eulenburg, 442), S. 41
© Ernst Eulenburg Ltd., London – Zürich – Stuttgart

d) Richard Wagner, *Die Meistersinger von Nürnberg* WWV 96, Vorspiel, T. 1–4 (Klavierauszug)
aus: Richard Wagner, *Die Meistersinger von Nürnberg. Oper in drei Aufzügen,* Klavierauszug von Otto Singer, Wiesbaden 1983 (= Edition Breitkopf Nr. 4506), S. 1
© Breitkopf & Härtel Wiesbaden

Notenbeispiel 7

a) Richard Strauss, *Intermezzo* op. 72, Erster Aufzug, 4 Takte nach Ziffer 59– 61 (Klavierauszug)
aus: Richard Strauss, *Intermezzo. Eine bürgerliche Komödie mit sinfonischen Zwischenspielen in zwei Aufzügen* op. 72. Vollständiger Klavierauszug mit Text von Otto Singer, Berlin 1924, S. 42 f.
© Adolph Fürstner Berlin

b) Robert Schumann, Symphonie Nr. 1 B-Dur, 1. Satz „Andante un poco maestoso" – „Allegro molto vivace", T. 39–42 (Partitur)
aus: *Robert Schumann's Werke,* hrsg. von Clara Schumann. Serie I. Symphonien für Orchester, Leipzig o. J., S. 7
© Breitkopf & Härtel Leipzig

Notenbeispiel 8

a) Wolfgang Amadé Mozart, *Don Giovanni,* Atto I, Scena XX, T. 406–409 (Auszug)
b) Alban Berg, *Wozzeck,* II. Akt, 4. Szene, T. 439–442 (Particell)

Notenbeispiel 9

a) Carl Maria von Weber, *Der Freischütz,* 1. Akt, Nr. 3, T. 4–7 (Auszug)
b) Alban Berg, *Wozzeck,* II. Akt, 4. Szene, T. 442–444 (Particell)

Notenbeispiel 10

a) Richard Strauss, *Der Rosenkavalier,* III. Aufzug, Ziffer 101 (Auszug)
b) Alban Berg, *Wozzeck,* II. Akt, 4. Szene, T. 430–433 (Particell)

Notenbeispiel 11

a) Alban Berg, *Wozzeck,* II. Akt, 4. Szene, T. 651–669 (Partitur)
aus: *Georg Buechners Wozzeck.* Oper in 3 Akten (15 Szenen) von Alban Berg op. 7. Partitur. Nach den hinterlassenen endgültigen Korrekturen des Komponisten revidiert von H. E. Apostel (1955), Wien 1955, S. 335 f.

b) Wolfgang Amadé Mozart, *Don Giovanni,* Atto I, Scena XX, T. 421–440 (Partitur)
aus: Wolfgang Amadeus Mozart, Neue Ausgabe sämtlicher Werke, Serie II: Bühnenwerke, Werkgruppe 5, Band 17: *Il dissoluto punito ossia Il Don Giovanni,* vorgelegt von Wolfgang Plath und Wolfgang Rehm, Kassel usw. 1968, S. 220 f.

SITZUNGSBERICHTE

der Wissenschaftlichen Gesellschaft an der J. W. Goethe-Universität Frankfurt a. M.

Band XXIX,2 THEODOR R. K. NASEMANN

Deutsche Dichterärzte
Glanz und Elend einer Doppelbegabung

1992. 39 Seiten, brosch.

Band XXIX,3 WERNER SCHRÖDER

LUDWIG WOLFFs Nachlese zu seiner ‚Iwein'-Ausgabe von 1968

1992. 82 Seiten, brosch.

Band XXIX,4 HERBERT DONNER

„Wie geschrieben steht"
Herkunft und Sinn einer Formel

1992. 21 Seiten, brosch.

Band XXIX,5 LARS JOHANSON

Strukturelle Faktoren in türkischen Sprachkontakten

1992. 137 Seiten, brosch.

Band XXX,1 RAINER KLINKE

Das Hörorgan des Vogels
Funktionelle Unterschiede zum Innenohr des Säugers

1993. 33 Seiten m. 9 Abb., brosch.

Band XXX,2 WERNER SCHRÖDER

Text und Interpretation IV
Zu Aussage und Funktion des huote-Exkurses im ‚Tristan' Gottfrieds von Straßburg

1993. 30 Seiten, brosch.

Band XXX,3 JÜRGEN PETERSOHN

„Echte" und „falsche" Insignien im deutschen Krönungsbrauch des Mittelalters?
Kritik eines Forschungsstereotyps

1993. 55 Seiten, brosch.

Band XXX,4 HERRMANN JUNGRAITHMAYR

Die analytische Sprachform in Afrika

1993. 31 Seiten, brosch.

Band XXX,5 WERNER THOMAS

Parallele Texte im Tocharischen und ihre Bewertung

1993. 58 Seiten, brosch.

Band XXX,6 HARALD PATZER

Physis
Grundlegung zu einer Geschichte des Wortes

1993. 70 Seiten, brosch.

Band XXXI,1 KLAUS REICHERT

„Zeit ist's"
Die Bibelübersetzung von Franz Rosenzweig und Martin Buber im Kontext

1993. 33 Seiten, brosch.

Band XXXI,2 WERNER SCHRÖDER

Text und Interpretation V
Über die Liebe der Getrennten im „Tristan" Gottfrieds von Straßburg

1993. 38 Seiten, brosch.

Band XXXI,3 JOST BENEDUM

Die Therapie rheumatischer Erkrankungen im Wandel der Zeit

1994. 71 Seiten m. 50 Abb. (davon 3 farbig), brosch.

Band XXXI,4 HARALD PATZER

Sprache und Dichtung im homerischen Epos

1994. 23 Seiten, brosch.

Band XXXI,5 PAUL GERHARD SCHMIDT

Probleme der Schreiber – Der Schreiber als Problem

1994. 18 Seiten, brosch.

Band XXXI,6 FRIEDRICH BECKER

Ursachen und Folgen der Selbstbeschleunigung chemischer Reaktionen

1994. 51 Seiten m. 32 Abb., brosch.

Band XXXII,1 WERNER SCHRÖDER

Der Eneasroman Heinrichs von Veldeke deutsch

1994. 24 Seiten, brosch.

Band XXXII,2 WILHELM RAU

Altindisches Pfeilgift

1994. 18 Seiten, brosch.

Band XXXII,3 MICHAEL STOLLEIS

„Junges Deutschland", jüdische Emanzipation und liberale Staatsrechtslehre in Deutschland

1994. 24 Seiten, brosch.

Band XXXII,4 JÜRGEN PETERSOHN

Rom und der Reichstitel „Sacrum Romanum Imperium"

1994. 35 Seiten m. 2 Abb., brosch.

Band XXXII,5 HELMUT VIEBROCK

Die Geburt des Mythos aus dem Geiste der Rebellion
William Blakes visionäre Dichtung „Europe. A Prophecy" (1794)

1994. 38 Seiten m. 9 Abb., brosch.

Band XXXII,6 WALTER RÜEGG

Was lehrt die Geschichte der Universität?

1994. 23 Seiten, brosch.

Band XXXIII,1 WERNER SCHRÖDER

Textkritisch oder überlieferungskritisch
Zur Edition des deutschen „Lucidarius"

1995. 42 Seiten, brosch.

Band XXXIII,2 WERNER THOMAS

Zur tocharischen Syntax
Adverbiales A māk, B māka „viel"

1995. 26 Seiten, brosch.

Band XXXIII,3 HANS-WALTER GEORGII

Von der Physik zur Chemie der freien Atmosphäre

1995. 26 Seiten, brosch.

FRANZ STEINER VERLAG STUTTGART